1万人の業務効率を
劇的に改善した

Excel速技
BEST100

吉田 拳 [監修]
㈱すごい改善 [著]

PHP研究所

Excelによる苦しみからの解放と、生産性と充実感の向上による喜びの創造
～監修者よりご挨拶

「頑張るところを間違えてはいけない」

これはことあるごとに弊社Excel研修の受講者様やクライアントの皆様に申し上げていることです。

また、
「面倒なExcel作業は必ずもっとラクに済ませるための方法があるはずだ」
ともよく申し上げています。
「もっとラクに済ませられる面倒な作業」とは、たとえば、

・数万行のデータコピーのために延々とマウスドラッグを繰り返す……
・大量の誤字を一つずつ修正していく……
・同じデータを何度も繰り返し入力する手間に時間がかかっている……

弊社が指導してきた多くの企業のデスクワークの現場では、このような作業に延々と時間を割いていらっしゃるのを何度も見てきました。
こういったケースにおいて、
「その作業、一瞬で終えられます!」
というテクニックを、本書ではケース別にまとめました。
たとえば……

・数万行のデータコピーや連番入力も一瞬で終えるテクニック
・数か所にある誤字を一括で修正するテクニック
・たくさんある空白セルに一括で文字を入力するテクニック

このようなテクニックを使うことで、面倒で時間のかかる手作業が一瞬で完了できてしまうケースがたくさんあるのです。

本書を世に出した理由

改めまして、本書の監修を担当しました、(株)すごい改善の吉田と申します。
弊社はExcelに専門特化した研修、システム開発、経営コンサルティングを

行っている会社です。

2014年10月に発売された拙著『たった1日で即戦力になるExcelの教科書』（技術評論社・以下：即戦力本）はパソコン書籍としては異例の10万部を超えるベストセラーとなり、多くの方から、

「Excelに関する苦手意識が消えた」

「仕事の効率化につながった」

などのお言葉を頂きました。

この「即戦力本」では、仕事でExcelを使う方にとってあとあと困らないように、まず最初に押さえておくべきポイントをまとめて網羅的に説明しました。

一方、本書『1万人の業務効率を劇的に改善したExcel速技BEST100』では、前述の「即戦力本」の内容の中から、個別の「作業の劇的なスピードアップ」を実現するケーススタディに特化し、さらに「即戦力本」では触れていないテクニックを追加して構成しました。

また本書は、「社内でのExcel勉強会用の題材に使える本が欲しい」「一つずつ実行してマスターしていくタイプの本が欲しい」というご要望にお応えして誕生しました。

前作の「即戦力本」は、個別の内容を一つずつマスターしていくというよりは、まずは一通り読んで頂くことでExcel仕事術の全体像をつかんで頂くことを意図しています。そのため、あえて個別のケースごとに練習用のサンプルデータを提供しておりません。

一方、本書では、一つずつ確実にマスターして頂くことを目的としていますので、サンプルデータをダウンロードして実際に練習して頂けるようになっています。この形式により、社内Excel勉強会などの題材集やテキストとして使いやすい形式になっています。

また、「面倒なExcel作業は必ずもっとラクに済ませるための方法があるはずだ」という疑問に対する回答集としての役割も果たしています。Excelについてストレスに感じることがあったら、まず本書の目次の中に似たシチュエーションのものがないかを探して頂きたいと思います。

「即戦力本」でExcel仕事術の全体像をつかみ、本書で個別のテクニックを実践習得していく。

この流れで両書合わせてご活用頂ければ幸いです。

結果的にExcel仕事におけるストレスを解消し、作業が劇的にスピードアップすることをお約束致します。

謝辞

　本書が世に出るまでにはたくさんの方のお力添えを頂きました。

　まず本書の執筆をご依頼くださり、編集をご担当下さったPHPエディターズ・グループの綿ゆりさん。数々のご無理を申し上げました。

　内容のチェックとデータ作成に尽力してくれた弊社(株)すごい改善の山岡誠一さん、佐藤佳さん。

　そして実際の原稿執筆を担当した、やはり弊社スタッフの鹿島直美さん。普段から弊社Excel研修の受講者サポートを担当している経験から、Excelユーザーのつまずきがちなポイントを熟知した視点で、素晴らしい解説を執筆してくれました。また一児の母として、さらに2人目の赤ちゃんがお腹の中にいる中での執筆に奮闘してくれました。本書完成の最大の功労者です。

　そして本書のコンテンツの源となった、数多くのExcelに関する質問や相談をしてくださった、1万名を超える弊社Excel研修受講者の皆様。皆様が現場で直面した問題を我々と共有して下さったおかげで、我々は実務現場で起きているExcelに関するお悩みをリアルに把握することができ、本書のような内容を執筆することで社会に貢献することができています。

　私たち株式会社すごい改善の「使命」は、次の2点と定義しています。
1. Excelによる苦しみからの解放と、生産性と充実感の向上による喜びの創造
2. Excelの教育と効率的活用を通して人と企業の成長に関わり日本のGDP向上に貢献する

　また、(株)すごい改善の「こだわり」は
1. 極限のシンプルさとわかりやすさにこだわる
2. 成長の実感による楽しさと感動を提供する研修とコンサルティングにこだわる

　本書もこの「使命」と「こだわり」に則って制作されました。

　本書によって読者の皆様のデスクワーク、仕事、ひいては人生そのものの生産性向上に貢献することをお約束致します。

2015年10月25日
監修担当
株式会社すごい改善 代表取締役　吉田 拳

目次

Excelによる苦しみからの解放と、
生産性と充実感の向上による喜びの創造 2

実務に活かす! 目的別の速技活用例
　申請書フォーマットの作成 12
　集計データベース表の作成 13
　ルーティンで使う集計表の作成 14

知っておくべき基本のショートカットと演算子 16

サンプルファイルのダウンロード・留意事項 18

1 ストレス知らず! 快適操作の速技

001 勝手に文字修正されてしまう! 20
002 自動でハイパーリンクが貼られてしまう! 21
003 既存のハイパーリンクを一括で削除したい 22
004 セル左上に出る三角マーク(エラー表示)を消したい ... 23
005 突然、キーボード入力がおかしくなる 24
006 数字が自動で日付変換されてしまう 25
007 シートタブが表示されなくなったときの対処法 26
008 エラー値が出ても対処法がわからない 27
009 セル内で改行する正しい方法 28
010 セルの書式設定は右クリックを使わずショートカットで ... 29
011 ショートカットでファイル操作のスピードを上げる ... 30
012 同一ブック内の2つのシートを見比べたい 31

013 数万行のデータコピーも一瞬で終えるテクニック …… 32

014 再計算のたびにデータが重くて
Excelがかたまってしまうときは …… 33

015 数式が参照しているセルを一瞬で確認する方法 …… 34

016 オートシェイプや画像を自在に拡大・縮小・移動する …… 35

017 シート内の不要になった図形を一括で削除する …… 36

018 シートをスクロールしても
見出し範囲を常に表示する方法 …… 38

019 すべてのページにタイトル行を入れて印刷する …… 40

020 メール添付の前に不要な式を抜いて
データを軽くする …… 41

021 なぜか重くて動作が遅いデータは
ゴミデータの存在を疑う …… 42

022 セル内の文字を途中で切れることなく印刷する …… 44

023 紙と時間を無駄にしない印刷設定の配慮 …… 45

2 資料作成を効率化! 表作成の速技

024 あとあと困らないデータベース表の作り方 …… 48

025 数式の入力はキーボードを使ってスピードを上げる …… 50

026 複数シートをまたぐ数式入力は関数パレットを使う …… 52

027 大量の数式でもラクに入力する方法 …… 53

028 全角で入力してしまった文字も
F10キーで半角に変換できる …… 57

029 大量の誤字も一瞬で修正する方法 …… 58

030 ショートカットで行や列の
挿入・削除のスピードを上げる ... 60

031 ショートカットの合わせ技で
大量の空白セルを一気に埋める ... 63

032 同じパターンの入力が続くときは
入力候補を活用して手間を省く ... 66

033 オートフィルタを使って
条件にあったデータを抽出する ... 67

034 「,」区切りのデータを一括でセルに分割する ... 70

035 データがある最終行までコピーされているかを
一瞬で確認する ... 72

036 構成比をラクに求めるための絶対参照の使い方 ... 74

037 データを売上順、得点順に素早く並べ替える ... 76

038 前年比が100%未満だったら
自動的に色をつける方法 ... 80

039 申請書の入力項目が空欄のとき、
色をつけて知らせる ... 82

040 入力のバラつき（表記のゆれ）を防ぐため
フォーマットに入力規則を設定する ... 84

041 大量のリスト入力は2段階で絞り込む ... 88

042 簡単な集計表を一瞬で作るピボットテーブル ... 91

043 ピボットテーブルで重複を一括削除する ... 93

044 数式をラクに埋められる表作成の秘密 ... 94

045 1000円単位の表作成における正しい方法 ... 98

046 24時間を超える足し算結果を正しく表示する ... 100

047	表の縦横を一瞬で入れ替える	102
048	グラフタイトルはセル参照にもできる	104
049	意外と知られていない2軸グラフの作り方	106
050	大量の連番を作る方法	109
051	A01-0001のような枝番付きの連番を作る	110
052	空白セルを無視してコピペする方法	112
053	シート上で複数の表を自由にレイアウトする意外な方法	114
054	勝手にシートをいじらせないためのシートの保護	117
055	意外と知られていないWebからのコピペの正しい手順	121

3 こんなこともできる! 関数の速技

056	自動判定のスピードアップ関数 ～IF関数	126
057	数値合計のスピードアップ関数 ～SUM関数	128
058	オートSUMのスピードを上げる	129
059	SUM関数で離れたセルを合計する	130
060	件数カウントのスピードアップ関数 ～COUNTA関数	131
061	項目別件数カウントのスピードアップ関数 ～COUNTIF関数	132
062	条件付き集計のスピードアップ関数 ～SUMIF関数	134

063 SUMIF関数で集計条件が複数ある場合どうするか 136

064 データ入力のスピードアップ関数
〜VLOOKUP関数 138

065 検索値に数字を指定するVLOOKUP関数で
よくあるエラーの対処法 140

066 判定の条件を複数設定する
〜IF関数の応用 142

067 安全に重複データを削除する
〜COUNTIF関数の応用1 144

068 特定の文字を含むデータだけ抽出する
〜COUNTIF関数の応用2 146

069 範囲を自由に変えて集計する
〜OFFSET関数 147

070 大量データから特定セルの位置を調べる
〜MATCH関数 150

071 VLOOKUP関数を横方向に
大量に入力するラクな方法 152

072 検索列左側の値をVLOOKUPする
〜MATCH関数・OFFSET関数の応用 154

073 エラー値を非表示にする
〜IFERROR関数 155

074 データをランダムに抽出する
〜RANDBETWEEN関数 156

075 強固なパスワードを一気に設定する
〜INDIRECT関数 157

076 連番を崩さず作業する
〜ROW関数・COLUMN関数 159

077 小数点以下を切り捨てる
〜INT関数 160

078 アルファベットを連続入力する
〜CHAR関数・ADDRESS関数 161

079 セル内の文字数を管理する
〜LEN関数 162

080 全角半角入り混じったデータを一瞬で整える
〜ASC関数 164

081 複数のセルの文字列をつなげる
〜CONCATENATE関数 166

082 日付などセル内の文字を分割する
〜LEFT関数・MID関数・RIGHT関数 168

083 セル内の氏と名を分割する
〜FIND関数 170

084 セル内の住所を分割する
〜IF関数・LEFT関数の応用 171

085 セル内の特定文字をカウントする
〜SUBSTITUTE関数 172

086 セル内の余分な空白を一括削除する
〜TRIM関数 173

087 数値を入力して日付表示にする
〜DATE関数 174

088 今日の日付を自動表示する
〜TODAY関数 175

089 日付データから曜日を出す
〜TEXT関数 176

090 生年月日から年齢を自動計算する
〜DATEDIF関数 177

091 年別・月別・日別データを集計する
〜YEAR・MONTH・DAY関数 178

092 時間を自動で切り上げる・切り捨てる
〜CEILING関数・FLOOR関数 180

093 「230」などの表記を2:30に変換する方法
　　　～TIME関数 182
094 営業日数を自動計算する
　　　～NETWORKDAYS関数・WORKDAY関数 184

4 知っておきたい！マクロの速技

マクロ・VBAって何ができる？ 188
095 事前の設定でマクロを効率的に使いこなす 189
096 1クリックで作業を終えるボタンの作り方 193
097 大量のファイルを管理するとき
　　　簡単にファイル名一覧を作る 195
098 社員リストから全員分のフォルダを一気に作る 198
099 大量のシートを管理するとき
　　　シート名一覧の目次シートを作る 201
100 既存の大量データに1行おきに空白行を挿入する 203

本書で紹介した関数一覧 205

カバーソデに「【絶対必須！】Excelショートカット一覧」
が付いています。切り取ってお使いください。

実務に活かす! 目的別の速技活用例

　本書で紹介するテクニックを使えば、実務で効率的に表作成を行うことができます。ここでは、3つの活用例を挙げていますので参考にしてください。

例1) 申請書フォーマットの作成

　申請書など、他人が入力するフォーマットを作るときには、あとになって不具合や不都合を起こさない仕組みを意識することが大切です。条件付き書式で記入漏れに対するアラート、「表記のゆれ」を入力規則の設定で防ぐ、入力項目は細かく分けておく、などの工夫が必要です。また、方眼紙Excelを使わずに「図のリンク貼り付け」を活用するとラクに自由なレイアウトができます。

例1) で使用した速技
① 044　数式をラクに埋められる表作成の秘密【セルの結合はしない】
② 039　申請書の入力項目が空欄のとき、色をつけて知らせる
③ 041　大量のリスト入力は2段階で絞り込む
④ 053　シート上で複数の表を自由にレイアウトする意外な方法
⑤ 076　連番を崩さず作業する～ ROW関数・COLUMN関数
⑥ 040　入力のバラつき（表記のゆれ）を防ぐためフォーマットに入力規則を設定する【半角英数字で入力させる】
⑦ 040　入力のバラつき（表記のゆれ）を防ぐためフォーマットに入力規則を設定する【あらかじめ選択肢を設定する】

例2) 集計データベース表の作成

　データベースの集計作業では、作業列を作り必要なデータを作り出します。大量のデータ加工も瞬時に終わらせるには、関数での処理が必須です。
　マスタを使ってデータを変換するVLOOKUP関数、文字列を部分的に抽出するLEFT、RIGHT関数や文字列を結合するCONCATENATE関数などを使用します。
　今回の集計には出ていませんが、ASC関数などの文字列操作関数もデータ加工には欠かせない知識です。このような作業は、関数を知らないと手作業で膨大な作業時間を費やすことになります。

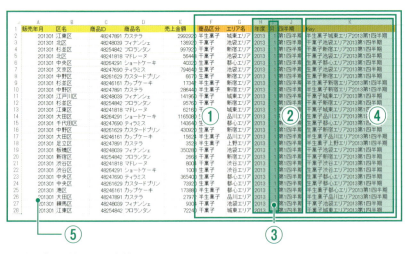

例2）で使用した速技

- 064　データ入力のスピードアップ関数～ VLOOKUP関数
- 013　数万行のデータコピーも一瞬で終えるテクニック
- ① 025　数式の入力はキーボードを使ってスピードを上げる
- 026　複数シートをまたぐ数式入力は関数パレットを使う
- 035　データがある最終行までコピーされているかを一瞬で確認する
- ② 082　日付などセル内の文字を分割する～ LEFT関数・MID関数・RIGHT関数
- ③ 065　検索値に数字を指定するVLOOKUP関数でよくあるエラーの対処法
- ④ 081　複数のセルの文字列をつなげる～ CONCATENATE関数
- ⑤ 054　勝手にシートをいじらせないためのシートの保護

例3）ルーティンで使う集計表の作成

　ルーティンワークでの集計作業で図のような表を作るには、一見ピボットテーブルでの集計はラクで速そうに感じますが、どうしても集計→コピー&ペーストの繰り返しで数十分はかかってしまいます。図のように、関数を張り巡らせた表を作成し

ておけば、1回の集計にかかる時間もわずか1分ほどに削減できます。このフォーマット作りにはじっくり時間をかけて構いません。一度作った表を崩されないように、「シートの保護」をするのも忘れずに。

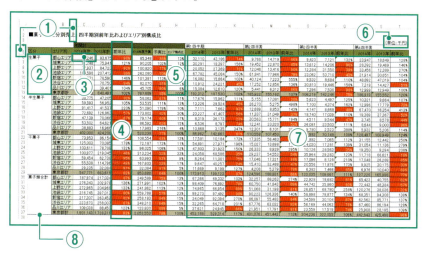

例3）で使用した速技

① 018　シートをスクロールしても見出し範囲を常に表示する方法
② 044　数式をラクに埋められる表作成の秘密【セルの結合はしない】
③ 059　SUM関数で離れたセルを合計する
④ 038　前年比が100%未満だったら自動的に色をつける方法
⑤ 036　構成比をラクに求めるための絶対参照の使い方
⑥ 045　1000円単位の表作成における正しい方法
⑦ ┌ 026　複数シートをまたぐ数式入力は関数パレットを使う
　 │ 027　大量の数式でもラクに入力する方法
　 └ 063　SUMIF関数で集計条件が複数ある場合どうするか
⑧ ┌ 023　紙と時間を無駄にしない印刷設定の配慮
　 └ 054　勝手にシートをいじらせないためのシートの保護

知っておくべき
基本のショートカットと演算子

絶対に知っておくべきショートカット

Excelの操作を早くするために欠かせないのが「ショートカット」。ただし、こだわりすぎは禁物です。マウスを使ったほうが速い操作では、ぜひマウスも活用してください。目的は仕事のスピードアップということを忘れてはいけません。

[Ctrl]+[S]　保存
[Ctrl]+[Z]　1つ前に戻す
[Ctrl]+[Y]　1つ次に戻す（[Ctrl]+[Z]で戻したものを）
[Ctrl]+[C]　コピー
[Ctrl]+[X]　切り取り
[Ctrl]+[V]　貼り付け
[Ctrl]+[R]　1つ右にコピーして貼り付け
[Ctrl]+[D]　1つ下にコピーして貼り付け
[F4]　直前の動作を繰り返す

知っておくべき演算子と記号

Excelは、一言でいうと表を作るためのソフトウェア。表を完成させるためにさまざまな計算を行いますが、その時に使う記号を「演算子」といいます。

代表的な演算子や記号を押さえ、キーの位置を確認しておきましょう。

・四則演算

+　（プラス）　　足し算
－　（マイナス）　　引き算
*　（アスタリスク）　　掛け算
/　（スラッシュ）　　割り算

・結合演算子

& （アンパサンド）　　　文字列結合

「=A1&B1」でA1セルとB1セルの値をくっつけます。

C1	▼	⋮	✕	✓	fx	=A1&B1	
	A	B		C		D	
1	すごい	改善		すごい改善			

・比較演算子

=	（イコール）	左辺と右辺が等しい
>	（大なり）	左辺が大
<	（小なり）	左辺が小
>=	（大なりイコール）	左辺が右辺以上
<=	（小なりイコール）	左辺が右辺以下
<>	（ノットイコール）	左辺と右辺が等しくない

　ノットイコールは、数学だと「≠」という記号ですが、Excelでは不等号2つを向かい合わせた形で表します。

・ワイルドカード

*	（アスタリスク）	任意の文字（どんな文字にも、何文字にでもなる）
?	（クエスチョンマーク）	任意の1文字（どんな文字にもなるが、1文字限定）
~	（チルダ）	続く文字が文字列であることを表す（ワイルドカードを検索するときなどに使う）

・その他

""	（空白）	ダブルクオーテーションを2つつなげると空白を表す

サンプルファイルのダウンロード

本書の解説内で使用しているサンプルファイル（本文中に SAMPLE DATA DOWNLOAD で表示）は、以下の
URLのサポートページから一式、ダウンロードできます。画面の指示にしたがって、ダウンロ
ードしてください。
ダウンロードしたときは圧縮ファイルの状態なので、展開してからご利用ください。

http://www.php.co.jp/excelbest100/

留意事項

・本書はWindows版Excelの利用を前提としております。

・本書の解説画像はExcel2013の画面を使用しておりますが、特にバージョンに関する
　注記がない操作についてはExcel2010以降にて動作する内容を掲載しております。

・また、ソフトウェアはバージョンアップされる場合があり、本書での説明とは機能内容や画
　面図などが異なってしまうこともあり得ます。特にExcel2003以前のバージョンは画面構
　成が著しく異なりますので、あらかじめご了承ください。

・本ダウンロードサービスは予告なく終了する場合がございます。ご了承ください。

1

ストレス知らず!

快適操作の速技

Excelを使っていると「なんでそうなるの?」と戸惑ったりイラっとしたりする現象に出合うことがたびたびあります。こうしたケースではその解決方法を調べるなどの作業に思いのほか時間を取られてしまうことも少なくありません。本章では実際に寄せられたそのようなご相談の中から、特に頻出である問題についての回答をご紹介します。

001

勝手に文字修正されてしまう!

　Excelには、頼んでいないのに余計な自動変換をしてくれる、いわゆる「おせっかい機能」があります。これらの仕様を知らないと、時間のロスになるのはもちろん、何度も何度も修正が必要になり、イライラして仕事の効率や質を落とすことにつながりかねません。あらかじめこれらの機能を知り、コントロールすることで快適に作業ができます。
　まずは、勝手に文字修正をする「オートコレクト機能」から解決しましょう。

1. 「ファイル」→「オプション」→「文章校正」→「オートコレクトのオプション」をクリック

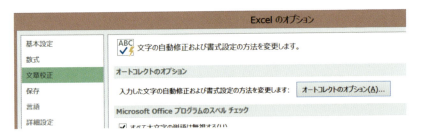

2. 「オートコレクト」タブにて「入力中に自動修正する」のチェックをはずす

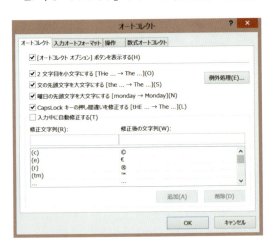

　さらに、必要に応じて「□文の先頭文字を大文字にする」や「□曜日の先頭文字を大文字にする」などのチェックを外してカスタマイズすると効率が上がります。

自動でハイパーリンクが貼られてしまう!

　メールアドレスやURLを入力したときに、勝手に青字になってアンダーラインが引かれる、つまりハイパーリンクが貼られてしまうことがあります。誤ってクリックするとメーラーが立ち上がって非常に鬱陶しい思いをします。特に必要のない場合は、以下の設定を行っておくと快適に作業ができます。

1. 「ファイル」→「オプション」→「文章校正」→「オートコレクトのオプション」をクリック

2. 「入力オートフォーマット」タブにて「インターネットとネットワークのアドレスをハイパーリンクに変更する」のチェックをはずす

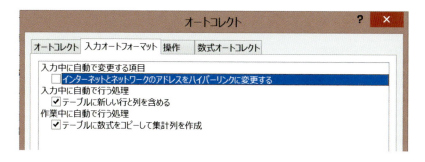

　上記の設定をする前に入力してしまった場合は、以下の方法でハイパーリンクを削除できます。

1. メールアドレス（URL）などを入力する
2. すぐに［Ctrl］＋［Z］を押すと入力内容はそのままにハイパーリンクのみ消える

003

既存のハイパーリンクを
一括で削除したい

　すでに複数のハイパーリンクが貼られたファイルから一括でハイパーリンクを削除したいとき、次の方法が有効です。

■Ver.2010以降の場合
1. ハイパーリンクが貼られているセル範囲を選択
2. 右クリックメニューから、「ハイパーリンクの削除」をクリック

■Ver.2007以前の場合
1. 何も入力されていないセルを選択し、コピー
2. ハイパーリンクが貼られているセル範囲を選択し、「形式を選択して貼り付け」→「乗算」にチェックを入れて「OK」をクリック

3. 必要に応じてアンダーバーを消すなど書式を整える

セル左上に出る三角マーク(エラー表示)を消したい

　数式が複数入っているファイルでは、図のようにセルの左上に三角が出ることがあります。これは、セルの数式に何らかの問題がある場合にエラー表示として出るものです。

第1四半期			第
2014年	2013年	前年比	
32,110	43,186	74%	
30,291	19,397	156%	
20,052	27,369	73%	
67,782	45,084	150%	
16,082	15,664	103%	
10,912	24,221	45%	
15,084	12,610	120%	
192,312	187,530	103%	

　しかし数式を入力する際、意図的にその「問題」を起こしていることがあり、そうした場合、エラーチェックは不要なのでオフにしておきましょう。

「ファイル」→「オプション」→「数式」→「バックグラウンドでエラーチェックを行う」からチェックをはずす

005

突然、キーボード入力がおかしくなる

　入力を行っていると、急にキーボード入力が思い通りにならなくなることがあります。これは誤ってキーをタイプしてしまったことによるもの。誤って押しやすい3つのキーを知っておき、速やかに解決しましょう。

　1. スクロールロック［Scroll Lock］キー
→カーソルキーでセル移動をしようとしても、セルが動かず画面ごとスクロールする

　2. ナンバーロック［Number Lock］キー
→「k」を打とうとしたら「2」と入力されてしまう
→キーボードの中央あたりのキーがうまく打てない

　3. インサートモード［Insert］キー
→すでに入力済みのセルを書き換えようとすると、入力カーソルの次の文字が上書きされてしまう

　いずれも、それぞれのキーをもう一度押すことによって解除できます。PCの機種によって位置や表記（略称など）に違いはありますが、これらのキーの位置は押さえておきましょう。

数字が自動で日付変換されてしまう

「2-1」や「3/4」と入力したかったのに、Excelが勝手に日付として認識し、「2月1日」「3月4日」と入力されてしまうことがあります。そういうときは状況に応じて、以下の方法で入力を行います。

■文字列として入力する
・「セルの書式設定」→「表示形式」を「文字列」に設定する
・入力の先頭に「'」(シングルクオーテーション)を付ける

■分数として入力する
・「セルの書式設定」→「表示形式」を「分数」に設定する
・「0 3/4」という形に先頭に「0」と半角スペースをつけて入力する

シートタブが
表示されなくなったときの対処法

　Excelではまれに、シートタブが表示されなくなることがあります。このような不測の事態は、「ファイル」メニューの「オプション」→「詳細設定」で調整できることがほとんどです。

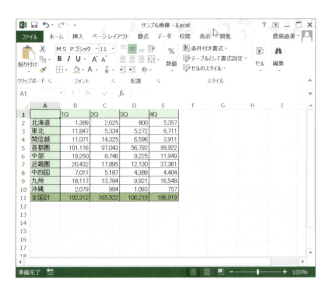

1. 「ファイル」→「オプション」→「詳細設定」をクリック
2. 「次のブックで作業するときの表示設定」で、「シート見出しを表示する」のチェックがはずれていないかを確認する

　オプションは、時間のあるときに目を通しておく、あるいはタブに書かれていることを読むよう習慣づけると、その他のトラブルにも臨機応変に対応できるようになります。

エラー値が出ても
対処法がわからない

　関数を入力していると、「#DIV/0!」や「#N/A」のようなエラー値が出てきてしまうことがあります。「Excelに怒られた!」などと表現する人もいますが、エラー値は式の問題点を教えてくれるメッセージ。

　エラー値の意味を覚える必要はありません。代表的なエラー値と対処法（どこを見ればよいのか）を身につけておけば、慌てることなく対応できます。

■#DIV/0!
⇒割り算の分母が0になっているエラー
・分母となっているセルの参照がずれていないか、もしくは空欄になっていないかをチェックする

■#N/A
⇒（VLOOKUPやMATCH関数で）検索値が捜査範囲にないエラー
・マスタに検索値が入っているかをチェックする。表記の揺れや、マスタと検索値で文字列と数値になっていないかもあわせてチェック

■#REF
⇒参照しているセルが削除されているエラー
・参照先のセルがあるのかをチェックする

■#NAME?
⇒関数名が間違っているエラー
・関数名をチェックする。エクセルの上位バージョンでしか使えない関数を使っていないかを確認する

セル内で改行する正しい方法

　Excelの操作についてよく聞かれることのTop 5に入るのが、セル内改行です。改行の仕方とあわせて、改行により起こり得る不具合とその解決方法を知っておきましょう。

・[Alt] + [Enter] を押す

　この方法は、セル内改行をした場所に改行コードという目に見えないコードを入力しています。つまり、改行する前と後では違うデータになっているということです。2つの文字列を比較し同じであれば「TRUE」、異なっていれば「FALSE」を返す関数（EXACT関数）でデータを見比べてみると、

	A	B	C
1	改行前	改行前	照合結果
2	すごい改善	すごい改善	TRUE
3			
4	改行前	改行後	照合結果
5	すごい改善	すごい 改善	FALSE

　セル内の改行をなくしたい場合、CLEAN関数を使って改行コードを削除できます。

・B2セルに [=CLEAN(A2)] と入力

	A	B	C
1	改行済	改行削除	
2	すごい 改善	すごい改善	

010

セルの書式設定は
右クリックを使わずショートカットで

　セルの書式設定を立ち上げるのに、いちいち右クリックメニューから立ち上げてはいませんか？
　[Ctrl]＋[1]のショートカットメニューを使えば一瞬で立ち上がります。頻度の高い操作は、ちょっとした速技でゆくゆくかなりの時間短縮につながります。この場合、テンキーの[1]は使えませんので注意してください。

セルの書式設定を立ち上げるショートカット
[Ctrl]＋[1]

011

ショートカットで
ファイル操作のスピードを上げる

　ファイルの操作にもショートカットを活用しましょう。マウスで2〜3クリックが必要な操作も、ショートカットを使うと一瞬で終わります。

　【ファイルを操作するショートカット】
[Ctrl] ＋ [O]：ブックを開く
[Ctrl] ＋ [W]：ブックを閉じる
[Ctrl] ＋ [N]：新規ブックの作成
[Ctrl] ＋ [P]：印刷プロパティを立ち上げる
[Shift] ＋ [F11]：新規シートの挿入
[F12]：名前を付けて保存
[Alt] ＋ [F4]：エクセル（アプリケーション）の終了

　ブックを閉じる操作、あるいはエクセル終了の操作を行う前には、必ず[Ctrl] ＋ [S] の上書き保存を行います。ファイルに変更点があれば、ポップアップウインドウで保存をするかどうか聞いてきますが、うっかり「いいえ」をクリックしてしまうことも少なくないので、上書き保存を習慣づけておくことをおすすめします。

012 同一ブック内の2つのシートを見比べたい

1つのファイルのシート間で、データを移動したり比較したりしたいとき、いちいちシートタブをクリックして行き来するのは非効率。2つのシートを見比べながら作業する方法があります。

1. 「表示」タブ→「新しいウィンドウを開く」をクリックすると、別ウィンドウで同一ファイルが開かれる（「ファイル名：1」、「ファイル名：2」という表記になる）

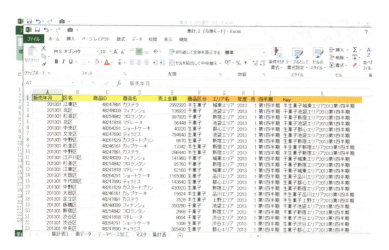

2. 「並べて比較」をクリックし、「同時にスクロール」を解除する

013

数万行のデータコピーも
一瞬で終えるテクニック

　Excelの数式入力の最大の速技は、「同じ式を何度も打たない」こと。同じ計算式を入力する部分は、絶対参照の付け方を工夫することで一度入力した式を縦方向にも横方向にもコピーすることができ、時間短縮だけでなく、ミスもなくなります。

　数式をコピーするときの定番テクニックはドラッグコピーですが、データが何千件もある場合、ドラッグコピーは非常に面倒です。手作業のため、最終行まで式をコピーできていない、というミスが起きることもしばしばあります。

　縦方向に長く数式をコピーしたいときは、ダブルクリックでオートフィルをする操作を使うと一瞬でミスなく作業が終わります。

1. コピーしたいセルを選択した状態で、セルの右下の■（フィルハンドル）にマウスを合わせる
2. ポインタが黒十字に変わったら、ダブルクリック

	A	B	C	D
1	No	得点	合否	
2	1	68	否	
3	2	91		
4	3	20		
5	4	27		
6	5	62		
7	6	97		
8	7	91		
9	8	82		
10	9	92		
11	10	31		
12				

　このテクニックは、隣接した列もしくは同じ列にデータが入力されていることが条件です。隣接行に空白セルがある場合は、そこで止まってしまうので注意してください。

再計算のたびにデータが重くて Excelがかたまってしまうときは

　シートにたくさんの数式が張り巡らされたファイルの場合、セルを編集するたびに計算で止まってしまい、時間がかかる場合があります。Excelの「計算方法の設定」を「手動」に切り替えることで、再計算の時間がなくなり作業効率が上がります。手動のときには［F9］で「再計算」を行います。

「数式」タブ→「計算方法の設定」→「手動」をクリック

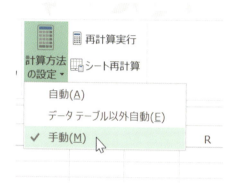

　また、意図せず再計算の設定が手動に切り替わってしまい、セルの値を更新しても計算結果が更新されなくなってしまう場合もあります。こういった事態が起こったときには、すぐに「自動」に戻すという対応策を身につけておけば十分です。

015

数式が参照しているセルを
一瞬で確認する方法

　数式内で複数のセルを参照している場合、どこのセルが参照されているのか、参照しているセルの数が増えれば増えるほどわかりづらくなります。そんなとき、[F2]を押すことで参照セルを視覚的に確認できます。

　数式を入力していてエラーが出てしまった場合も、[F2]を押して計算式が正しいセルを参照しているかチェックします。誤った参照によるミスが一目でわかり、素早く解決できます。

　下記のJ2セルには=SUMIF($G: $G, $I2&J $1, $E: $E)という数式が入っていますが、一目見てどこのセルを使って計算しているかわかりません。

J2			✕ ✓	fx	=SUMIF($G:$G,$I2&J$1,$E:$E)						
	A	B	C	D	E	F	G	H	I	J	
1	日付	担当者	商品コード	数量	売上計	前年実績				A001	A0
2	2015/4/1	吉田	A002	7	9800	9800	吉田A002		吉田	0	
3	2015/4/2	佐藤	A002	6	8400	8400	佐藤A002		佐藤		
4	2015/4/3	山岡	C002	6	120	144	山岡C002		山岡		
5	2015/4/4	田中	B001	5	13000	14300	田中B001		田中		
6	2015/4/5	田中	A001	11	22000	19000	田中A001		鈴木		
7	2015/4/6	吉田	A002	8	11200	11200	吉田A002		合計		
8	2015/4/7	佐藤	A002	18	25200	25200	佐藤A002		構成比		
9	2015/4/8	山岡	C002	20	400	360	山岡C002				
10	2015/4/9	田中	A002	17	23800	23800	田中A002				

[F2]を押すと、セルが編集状態になり、参照しているセルに色がつく

HYPERLINK			✕ ✓	fx	=SUMIF($G:$G,$I2&J$1,$E:$E)						
	A	B	C	D	E	F	G	H	I	J	K	L
1	日付	担当者	商品コード	数量	売上計	前年実績				A001	A002	B001
2	2015/4/1	吉田	A002	7	9800	9800	吉田A002		吉田	=SUMIF($G:$G,$I2&J$1,$E:$E)	
3	2015/4/2	佐藤	A002	6	8400	8400	佐藤A002		佐藤		
4	2015/4/3	山岡	C002	6	120	144	山岡C002		山岡		
5	2015/4/4	田中	B001	5	13000	14300	田中B001		田中		
6	2015/4/5	田中	A001	11	22000	19000	田中A001		鈴木		
7	2015/4/6	吉田	A002	8	11200	11200	吉田A002		合計		
8	2015/4/7	佐藤	A002	18	25200	25200	佐藤A002		構成比		
9	2015/4/8	山岡	C002	20	400	360	山岡C002				
10	2015/4/9	田中	A002	17	23800	23800	田中A002				
11	2015/4/10	田中	C001	9	27000	24300	田中C001				
12	2015/4/11	吉田	C002	14	280	252	吉田C002				

016

オートシェイプや画像を
自在に拡大・縮小・移動する

　シート内でオートシェイプや画像を使う際、図形の拡大・縮小や移動がうまくいかず、予想以上に時間がかかることがあります。作業上の微調整がきく方法を知っておけば、快適に操作できます。

【移動】

　下記のキーを押しながら移動します。移動はマウスの他、カーソルキーでも可能です。

［Shift］：垂直方向、もしくは水平方向に移動
［Ctrl］：オブジェクトをコピー
［Ctrl］＋［Shift］：垂直方向、もしくは水平方向にオブジェクトをコピー
［Alt］：セルの枠線に合わせて移動

【拡大・縮小】

　下記のキーを押しながら拡大・縮小します。

［Shift］：縦横比を固定して拡大・縮小
［Ctrl］：オブジェクトの中心を対象に拡大・縮小
［Ctrl］＋［Shift］：オブジェクトの中心を対象に縦横比を固定して拡大・縮小
［Alt］：セルの枠線に合わせて拡大・縮小

　Ver.2012以降、以下の操作も可能になりました。

［Shift］＋［カーソルキー］：オブジェクトの中心を対象に拡大・縮小
［Alt］＋［←］or［→］：オブジェクトの回転（15°ずつ）

1
ストレス知らず！ 快適操作の速技

35

017

シート内の不要になった図形を一括で削除する

シートに入れた複数のオブジェクト（図形）を一括で選択して操作する方法を知っておくと便利です。

■Ver.2007
1. ［Ctrl］＋［G］もしくは［F5］でジャンプ機能を立ち上げる。「セル選択」をクリックし、オブジェクトにチェックを入れ、「OK」をクリックする

2. 図形がすべて選択されるので、［Delete］を押して削除する

■Ver.2010以降
1. 図形を1つクリックして選択する。
2. ［Ctrl］＋［A］を押すと、すべての画像が選ばれるので、［Delete］を押して削除する

・Ver.2003までワークシートの下部にあった白い矢印カーソルを出す方法
「ホーム」タブ→「検索と選択」→「オブジェクトの選択」をクリック

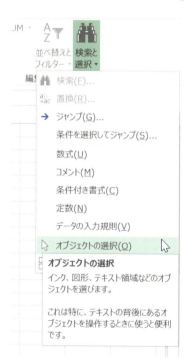

018

シートをスクロールしても見出し範囲を常に表示する方法

　縦横に大きな表を作成するとき、下方向や右方向にスクロールすると項目の行や列が見えなくなってしまい、不便に感じることがあります。確認のたびにスクロールしては戻って、を繰り返していては作業効率も上がりません。「ウィンドウ枠の固定」機能を使うと、必要な箇所を常に表示できます。

1. A1セルが見えている状態で、表示したい項目行と列の交点となるC6セルをクリック

2. 「表示」タブ→「ウィンドウ枠の固定」→「ウィンドウ枠の固定」をクリック

3. ウィンドウ枠が固定され、A～B列と1～5行目がスクロールをしても常に表示される

019

すべてのページに
タイトル行を入れて印刷する

　顧客リストや名簿など行数の多いデータベース形式のリストを印刷するときに、普通に印刷するとタイトル行は1枚目にしか印刷されません。2枚目以降を確認するのに項目名が出ていないと非常に見づらいですし、印刷用に1ページずつ項目行を入れてリストを作り直すのは時間の無駄。すべてのページに自動でタイトルが入るよう設定すると便利です。

1.「ページレイアウト」タブ→「印刷タイトル」をクリック

2.「シート」タブ→「タイトル行」ボックスを一度クリックしてから、項目行の行ラベルをクリック、「OK」をクリックする

※同様に、項目列をすべてのページに印刷するには、「タイトル列」に列を指定します。

020

メール添付の前に
不要な式を抜いてデータを軽くする

　関数式の多用によりファイルが重たくなってしまった場合、結果の値のみ残して、セルに入力された式を消し、ファイルを軽くすることができます。メールに添付する際のほか、式の内容を相手に見せたくない場合にも有効です。

1. ワークシートの一番左上をクリックし、シート全体を選択してコピー

2. A1セルにカーソルを合わせ、右クリック→「形式を選択して貼り付け」をクリック
3. 「値」にチェックを入れて、「OK」をクリック

ショートカットを身につけておくと作業時間がさらに短縮できます。
1. ［Ctrl］＋［A］を2回押し、シート全体を選択
2. ［Ctrl］＋［C］でコピー
3. ［Ctrl］＋［Alt］＋［V］で「形式を選択して貼り付け」を立ち上げる
　［↓］で「値」にチェックを入れて、［Enter］で確定する

021

なぜか重くて動作が遅いデータはゴミデータの存在を疑う

　データ量がさほど多くもない、関数式が多用されているわけでもないのにExcelデータがひどく重く動作が遅いとき、目に見えないゴミデータが原因の可能性があります。対処法は、「最後のセル」を確認すること。「最後のセル」とはそのシートで使用されている範囲の、最右下端のセルを指します。

　下の表ではE11セルが最後のセルのはずですが、

	A	B	C	D	E
1		2015年	2015年	2015年	2015年
2	北海道	1,389	2,625	800	5,357
3	東北	11,847	5,334	5,272	6,711
4	関信越	11,071	14,325	6,596	3,911
5	首都圏	101,116	97,043	56,792	99,922
6	中部	19,250	8,746	9,225	11,949
7	近畿圏	20,432	17,895	12,130	37,361
8	中四国	7,011	5,187	4,389	4,404
9	九州	18,117	13,784	9,921	16,548
10	沖縄	2,079	984	1,093	757
11	全国計	192,312	165,922	106,219	186,919

1．［Ctrl］＋［G］でジャンプを起動。「セル選択」をクリック
2．「最後のセル」を選択し、「OK」をクリック

※この操作は［Ctrl］＋［End］のショートカットでも可能。

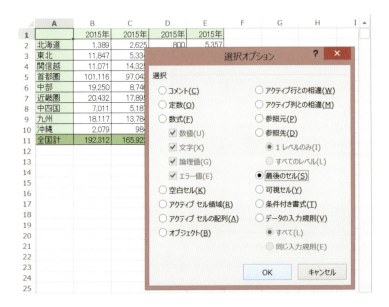

すると、実際に「最後のセル」として選択されたのはK65536セル。何らかの操作の結果、大量のゴミデータが入ってしまった状態です。

1. 最後のセルが含まれる行ラベルをクリックし、行全体を選択
2. ［Ctrl］＋［Shift］＋［↑］でデータの最終行全体が選択されるので、［Shift］＋［↓］で12行目まで選択する
3. 右クリックメニューから「削除」、もしくは［Ctrl］＋［-］で行ごと削除する

4. ［Ctrl］＋［S］で上書き保存を行う

　ゴミデータが含まれているかどうかは、右側のスクロールバーの大きさでも判断できます。スクロールバーが通常よりもはるかに小さいサイズであれば、ゴミデータが入っていると一目で判断できます。

022

セル内の文字を
途中で切れることなく印刷する

　画面上ではセル内の文字がきちんと見えているのに、印刷すると文字がすべて表示されず切れてしまうことがあります。最短の解決策は、アナログですがセルの幅を広く十分、余裕を持ってとっておくこと。また、セルの書式設定で表示形式を「縮小して全体を表示する」に設定しておく方法もあります。

　これ以外の方法は、下記の2通りです。

・ExcelをPDFで出力する（Ver.2010以降）
「名前を付けて保存」→「ファイルの種類」で「PDF」を選択

・「表示」タブ→「ページレイアウト」をクリックする

※必ずしも100%確実でない場合があります。

023 紙と時間を無駄にしない印刷設定の配慮

　Excelで表を作成して上司や顧客に送る際、数字や書式とあわせて印刷範囲の確認も忘れずに。「そのまま印刷したら、1枚に収まるはずの表が3枚にわたって出てきた!」。そんな無駄なコストとストレスをかけさせないためにも、印刷設定をしてから送る気遣いを。

1. 「ページレイアウト」タブ→「印刷の向き」→「横」をクリック

2. 「表示」タブ→「改ページプレビュー」をクリック。すると、画面に青い区切り線と「1ページ」というページ数の表示が出てくる

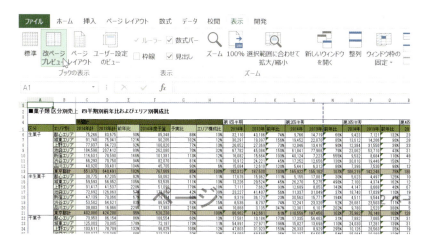

3. 青い区切り線を右方向にドラッグし、1ページで収まるように調整する

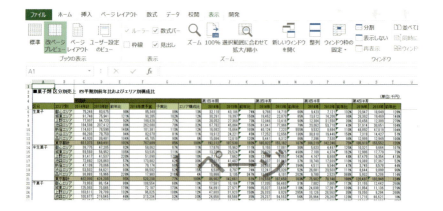

2

資料作成を効率化!

表作成の
速技

Excelで具体的に作成する成果物は基本的に「表」です。この表の作り方や扱い方の効率を上げるために知っておきたいテクニックがいくつかあります。いずれもとても簡単なもので、知っているだけでこんなにも簡単に効率アップできるんだという大切な内容をまとめました。

024

あとあと困らない
データベース表の作り方

　Excelデータを作るときに重要なのは、データをどのように使うかを踏まえて、入力段階で加工しやすい形式に整えておくこと。ポイントを押さえておくと、作業時間が大きく変わります。

■項目は分けて入力する
　Excelでは2つ以上のセルをつなげるのは簡単ですが、1つのセルの中身を分割することは面倒です。項目は、細かく列を分けて入力したほうが便利。それぞれ独立した項目を作っておくことで、入力のし忘れを防ぐ効果もあります。
　分けたほうがよい項目の例
　・氏と名
　・都道府県名と住所とビル名
　・日時の年、月、日（必要に応じて）

■入力規則をあらかじめ設定する
　メールアドレスや電話番号など、半角英数で入力したい項目は、事前に入力規則でIMEモードをオフにしておきます。
　入力時に、いちいち全角／半角モードの切り替えを行う手間が省け、ばらつきも防げます。

■正しいデータベース形式を知る
　データベース形式を正しく理解していなければ、「並べ替え」「オートフィルタ」「ピボットテーブル」などが正しく動作しないことがあります。正しいデータベース形式の条件は以下の4点です。
　・1行目にタイトル行がある
　・2行目以降、1行1件のデータが連続している
　・周囲に余計なデータが入力されたセルが隣接していない
　・途中に空白行がない

正しいデータベース形式のデータ

日付	担当者	商品コード	数量	売上計	前年実績
2011/4/1	吉田	A002	7	9800	9800
2011/4/2	佐藤	A002	6	8400	8400
2011/4/3	山岡	C002	6	120	144
2011/4/4	吉丸	B001	5	13000	14300
2011/4/5	吉丸	A001	11	22000	19000
2011/4/6	吉田	A002	8	11200	11200
2011/4/7	佐藤	A002	18	25200	25200
2011/4/8	山岡	C002	20	400	360
2011/4/9	吉丸	A002	17	23800	23800
2011/4/10	吉丸	C001	9	27000	24300
2011/4/11	吉田	C002	14	280	252
2011/4/12	佐藤	B002	16	3200	3520
2011/4/13	佐藤	C001	16	48000	43200
2011/4/24	山岡	C002	20	400	480
2011/4/25	山岡	B002	5	1000	900

［Ctrl］＋［A］で表のすべてを選択できる

正しくないデータベース形式のデータ①

日付	担当者	商品コード	数量	売上計	前年実績
2011/4/1	吉田	A002	7	9800	9800
2011/4/2	佐藤	A002	6	8400	8400
2011/4/3	山岡	C002	6	120	144
2011/4/4	吉丸	B001	5	13000	14300
2011/4/5	吉丸	A001	11	22000	19000
2011/4/6	吉田	A002	8	11200	11200
2011/4/7	佐藤	A002	18	25200	25200
2011/4/8	山岡	C002	20	400	360
2011/4/9	吉丸	A002	17	23800	23800
2011/4/10	吉丸	C001	9	27000	24300
2011/4/12	佐藤	B002	16	3200	3520
2011/4/13	佐藤	C001	16	48000	43200

間に空白行が入っている

正しくないデータベース形式のデータ②

日付	担当者	商品コード	数量	売上計	前年実績
※AAA			※BBB		
2011/4/1	吉田	A002	7	9800	9800
2011/4/2	佐藤	A002	6	8400	8400
2011/4/3	山岡	C002	6	120	144
2011/4/4	吉丸	B001	5	13000	14300
2011/4/5	吉丸	A001	11	22000	19000
2011/4/6	吉田	A002	8	11200	11200
2011/4/7	佐藤	A002	18	25200	25200
2011/4/8	山岡	C002	20	400	360
2011/4/9	吉丸	A002	17	23800	23800 ※DDD
2011/4/10	吉丸	C001	9	27000	24300
2011/4/11	吉田	C002	14	280	252
2011/4/12	佐藤	B002	16	3200	3520
2011/4/13	佐藤	C001	16	48000	43200

周囲に余計なデータが入力されたセルが隣接している

49

025

数式の入力はキーボードを使ってスピードを上げる

　関数の入力は、「関数の挿入」メニューをクリックして使いたい関数を探して……という方法ではなく、一からキーボードで入力するほうが便利です。

　関数の入力スピードが上がるだけでなく、複数の関数の組み合わせ（関数のネスト）などを行う際、応用の幅が格段に広がります。

1. 半角モードでイコール［=］を入力する。「関数名」を入力すると途中で候補リストが出るので、カーソルキーを合わせて［Tab］キーで確定（関数名と（｣ まで補完入力される）

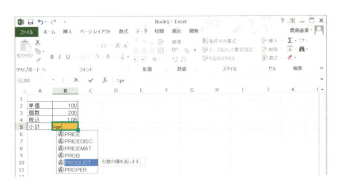

2. 引数を入力する。「）」を入力して［Enter］を押す

「関数の解説」と「引数のガイド」が表示されるので、関数に不慣れでも安心して入力できます。

複数の関数を組み合わせる場合、入力途中でも、関数の頭文字を打てば候補が出るので、関数の組み合わせも簡単です。

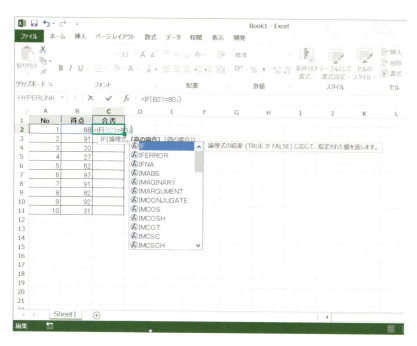

　数式を入力する際、「＝」ではなく「＋」から打つ方法もあります。これはテンキーを使用する場合、[Shift]を押す手間を省略できるからです。
　しかし、「＝」から始まる数式と「＋」から始まる数式と、どちらが感覚的に理解しやすいかといえば明らかに前者です。
　キー1つを打つ時間まで短縮する"秒単位の仕事"が求められる方でなければ、ファイルを見返すときや複数人で共有するときの「わかりやすさ」「伝わりやすさ」を優先するほうが、トータルで仕事の時短につながります。

026

複数シートをまたぐ数式入力は関数パレットを使う

　参照セルが複数シートをまたぐ関数を入力する場合、途中から関数パレットを使います。

1. セルに関数の「（」までを入力する
2. ［Shift］＋［F3］で関数パレットを立ち上げ、それぞれのボックスに引数を入力

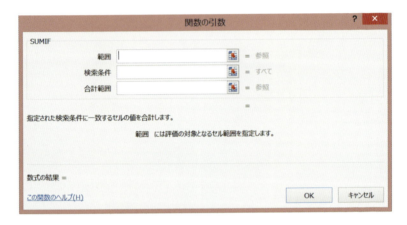

　以下は、同じ式を2通りの方法で入力したものです。

　【関数パレットを使用する方法】
=SUMIF(Sheet1!$K:$K,$A6&$B6&J$5&J$4,Sheet1!$E:$E)
　【関数パレットを使用しない方法】
=SUMIF(Sheet1!$K:$K,Sheet2!$A6&Sheet2!$B6&Sheet2!J$5&Sheet2!J$4,Sheet1!$E:$E)

　関数パレットを使用しない数式は、セル参照の引数すべてにシート名が入り、長い式になっています。このうち、数式の意味を理解してメンテナンスしやすいのはどちらでしょうか？　数式はできるだけわかりやすく作るほうが時短になります。

大量の数式でもラクに入力する方法

　表を素早く作るために欠かせないのが、「参照」に対する正しい理解。参照とは、「そのセルの値を見る」「そのセルの値を取りに行く」ことです。数式を使用する際、使いたい値が入っているセルがある場合には、それを参照することで新たな入力の手間がなくなり、メンテナンスもしやすくなります。

B1セルに「=A1」と入力すると、B1セルにA1セルの値「100」が入る

　「参照元」と「参照先」という言葉は混同しやすいので注意しましょう。B1セルに「=A1」と入力した場合、A1セルはB1セルの「参照元」であり、B1セルはA1セルの「参照先」となります。誤って説明されているものもあるので、注意しましょう。
　トレース機能「参照元のトレース」「参照先のトレース」を使ってみると、矢印で参照が確認できます。

・A1セルにカーソルを合わせて「数式」タブ→「参照先のトレース」をクリック

・B1セルにカーソルを合わせて「数式」タブ→「参照元のトレース」をクリック

【数式の大量入力に欠かせない［F4］と［$］】
参照には「相対参照」と「絶対参照」の2種類があります。
　相対参照：セルを参照している数式をドラッグコピーしたときに、参照するセルも一緒に動く。
　絶対参照：セルを参照している数式をドラッグコピーしたときに、固定されて動かない。「$」を付けることで固定する。
　絶対参照の「$」は、いちいちキーボードを使わなくても［F4］で付けられます。絶対参照を使いこなすことで、素早くミスのない表作成が可能になります。
　［F4］を押す回数によって、絶対参照の付き方が変わります。

　1回 ＝$A $1　行・列ともに絶対参照
　　↓
　2回 ＝A $1　行のみ絶対参照
　　↓
　3回 ＝$A1　列のみ絶対参照
　　↓
　4回 ＝A1　相対参照
　※4回でループする

　次ページのように構成比を出す表の場合、分子は左横のセルを、分母は合計欄のセルを常に参照します。

1. C1セルに「=B2/B11」と入力

B11		▼	⋮	✕	✓	f_x	=B2/B11

▲	A	B	C	D	E
1	エリア名	売上高	構成比		
2	北海道	27,767	=B2/B11		
3	東北	11,106			
4	関信越	10,831			
5	首都圏	18,432			
6	中部	20,505			
7	近畿圏	47,786			
8	中四国	53,889			
9	九州	27,866			
10	沖縄	24,898			
11	合計	243,080			

2. 点滅している入力カーソルが「B11」の付近にある状態で［F4］を1回押すと、「=B2/$B$11」に変わる

3. C2セルをC11セルまでドラッグコピーする

C2		▼	⋮	✕	✓	f_x	=B2/$B$11

▲	A	B	C	D	E
1	エリア名	売上高	構成比		
2	北海道	27,767	11.4%		
3	東北	11,106	4.6%		
4	関信越	10,831	4.5%		
5	首都圏	18,432	7.6%		
6	中部	20,505	8.4%		
7	近畿圏	47,786	19.7%		
8	中四国	53,889	22.2%		
9	九州	27,866	11.5%		
10	沖縄	24,898	10.2%		
11	合計	243,080	100.0%		

絶対参照を使いこなせば、以下のような逆L字マトリックス表を作る場合にも便利です。式を一度入力するだけで右側の表を一気に埋めることができ、作業が非常に楽になります。

J2セルに「=SUMIF($G: $G, $I2&J $1, $E: $E)」と入力すると

右の表のすべてのセルに式をコピーできる

028

全角で入力してしまった文字も F10キーで半角に変換できる

　関数などの入力は、本来先に半角入力モードに切り替えてから行うべきですが、誤って全角で入力した場合、せっかく入力したものをすべて消して、また初めから打ち直さなくても大丈夫。[F10] キーで、全角入力が半角に切り替わります。キーを押す回数によって、すべて小文字→すべて大文字→先頭のみ大文字と切り替わります。（キー設定がIMEの場合）

1.「=COUNTIF」を全角で入力してしまった

2.[F10]を押して半角に切り替える
3.[BACKSPACE]で1文字だけ消すと、関数の候補メンバーが現れる

【入力を速くするキー】
[F6]：入力した文字をひらがなにする
[F7]：全角カタカナにする
[F8]：半角カタカナにする
[F9]：全角英数字にする

029 大量の誤字も一瞬で修正する方法

　表の中の担当者名をすべて「吉田」から「吉川」に変更したい、あるいは「田中」を削除（空白に）したいというとき、便利なのが「検索と置換」機能。同じパターンのデータ修正や削除であれば、件数にかかわらず一瞬で作業が終わります。これを手作業で行えば、時間のロスだけでなくミスの原因にもなります。

1. ［Ctrl］＋［H］で「検索と置換」ウィンドウを立ち上げる
2. 「検索する文字列」ボックスに「吉田」、「置換後の文字列」ボックスに「吉川」と入力し、「すべて置換」をクリック

3. 置換した件数が表示され、表内の「吉田」がすべて「吉川」に変更される

4. 次に「検索する文字列」ボックスに「田中」、「置換後の文字列」ボックスの文字をすべて消して空にし、「すべて置換」をクリック

5. 表内の「田中」がすべて削除される

　マウスで操作する場合は、「ホーム」タブ→「検索と選択」メニューの「置換」をクリックします。
　「検索と置換」ウインドウの「オプション」をクリックすると、検索範囲をブック全体に広げたり、コメントの中の文字列を検索することもできます。

ショートカットで行や列の
挿入・削除のスピードを上げる

　表作成には、行や列を追加・削除する作業が頻繁に発生します。マウスを使わずショートカットで操作して作業効率を上げましょう。

【行列を挿入・削除するショートカット】
[Ctrl]＋[スペース]：列全体を選択
[Shift]＋[スペース]：行全体を選択　※IMEがオフのときのみ有効
[Ctrl]＋[-]：行・列・セルを削除
[Ctrl]＋[Shift]＋[+]：行・列・セルを挿入

表の一番左側（A列）に列を追加し、2行目を削除する場合、

1. A列のセル（どこでもよい）を選択した状態で[Ctrl]＋[スペース]を押し、A列全体を選択する

	A	B	C
1			
2	国別GDP一覧		
3	国名	GDP	
4	アイスランド	17,036	
5	アイルランド	250,814	
6	アゼルバイジャン	74,145	
7	アフガニスタン	20,444	
8	アラブ首長国連邦	399,451	
9	アルジェリア	213,518	
10	アルゼンチン	543,061	
11	アルバニア	13,276	
12	アルメニア	11,644	
13	アンゴラ	129,326	
14	アンティグア・バーブーダ	1,248	
15	イエメン	43,229	
16	イギリス	2,950,039	
17	イスラエル	305,673	
18	イタリア	2,147,744	
19	イラク	223,508	
20	イラン	416,490	
21	インド	2,051,228	
22	インドネシア	888,648	
23	ウガンダ	27,616	

2. ［Ctrl］＋［Shift］＋［+］を押して1列挿入する

	A	B	C	D	E	F
1						
2		国別GDP一覧				
3		国名	GDP			
4		アイスランド	17,036			
5		アイルランド	250,814			
6		アゼルバイジャン	74,145			
7		アフガニスタン	20,444			
8		アラブ首長国連邦	399,451			
9		アルジェリア	213,518			
10		アルゼンチン	543,061			
11		アルバニア	13,276			
12		アルメニア	11,644			
13		アンゴラ	129,326			
14		アンティグア・バーブーダ	1,248			
15		イエメン	43,229			
16		イギリス	2,950,039			
17		イスラエル	305,673			
18		イタリア	2,147,744			
19		イラク	223,508			
20		イラン	416,490			
21		インド	2,051,228			
22		インドネシア	888,648			
23		ウガンダ	27,616			

3. 2行目のどれか1つのセルを選択した状態で、［Shift］＋［スペース］を押して行全体を選択する

	A	B	C	D	E
1					
2		国別GDP一覧			
3		国名	GDP		
4		アイスランド	17,036		
5		アイルランド	250,814		
6		アゼルバイジャン	74,145		
7		アフガニスタン	20,444		
8		アラブ首長国連邦	399,451		
9		アルジェリア	213,518		
10		アルゼンチン	543,061		
11		アルバニア	13,276		
12		アルメニア	11,644		
13		アンゴラ	129,326		
14		アンティグア・バーブーダ	1,248		
15		イエメン	43,229		
16		イギリス	2,950,039		
17		イスラエル	305,673		
18		イタリア	2,147,744		
19		イラク	223,508		
20		イラン	416,490		
21		インド	2,051,228		

4. ［Ctrl］＋［-］で行全体を削除する

	A	B	C	D	E	F
1						
2		国名	GDP			
3		アイスランド	17,036			
4		アイルランド	250,814			
5		アゼルバイジャン	74,145			
6		アフガニスタン	20,444			
7		アラブ首長国連邦	399,451			
8		アルジェリア	213,518			
9		アルゼンチン	543,061			
10		アルバニア	13,276			
11		アルメニア	11,644			
12		アンゴラ	129,326			
13		アンティグア・バーブーダ	1,248			
14		イエメン	43,229			
15		イギリス	2,950,039			
16		イスラエル	305,673			
17		イタリア	2,147,744			
18		イラク	223,508			
19		イラン	416,490			
20		インド	2,051,228			
21		インドネシア	888,648			
22		ウガンダ	27,616			

031

ショートカットの合わせ技で
大量の空白セルを一気に埋める

たとえばピボットテーブルを使ってデータを分析するときなど、表内にある空欄を埋める必要があります。一つひとつ空白セルを探して入力するのは時間のムダ。ショートカットを組み合わせると、空白セルを一気に埋めることができます。

担当者（B列）が空欄のセルに1つ上の行と同じ担当者名を入れる場合、

1. B2:B26のセル範囲を選択する

	A	B	C	D	E	F
1	日付	担当者	商品コード	数量	売上計	前年実績
2	2015/4/1	吉田	A002	7	9800	9800
3	2015/4/2	佐藤	A002	6	8400	8400
4	2015/4/3	山岡	C002	6	120	144
5	2015/4/4		B001	5	13000	14300
6	2015/4/5	吉丸	A001	11	22000	19000
7	2015/4/6	吉田	A002	8	11200	11200
8	2015/4/7	佐藤	A002	18	25200	25200
9	2015/4/8		C002	20	400	360
10	2015/4/9		A002	17	23800	23800
11	2015/4/10	吉丸	C001	9	27000	24300
12	2015/4/11	吉田	C002	14	280	252
13	2015/4/13	佐藤	C001	16	48000	43200
14	2015/4/14	吉丸	A002	8	11200	11200
15	2015/4/15		C001	6	18000	16200
16	2015/4/16	吉田	B002	20	4000	4000
17	2015/4/18	山岡	C001	20	60000	66000
18	2015/4/19	吉丸	C001	13	39000	39000
19	2015/4/20	吉丸	B001	15	39000	39000
20	2015/4/21	吉田	A002	10	14000	14000
21	2015/4/22		B001	16	41600	45760
22	2015/4/23	山岡	C001	9	27000	27000
23	2015/4/24		C002	20	400	480
24	2015/4/25	山岡	B002	5	1000	900
25	2015/4/26	吉田	A002	15	21000	21000
26	2015/4/30	桜井	C002	12	240	216

63

2. ［Ctrl］＋［G］でジャンプ機能を立ち上げ、「セル選択」をクリック。「選択オプション」で「空白セル」のラジオボタンにチェックを入れ、「OK」をクリック

3. B列の空白セルのみが選択された状態になる

4. そのまま［=］を押し、［↑］を押す。すると代表セルであるB5セルには「=B4」と入力される

5. 一括入力のショートカット［Ctrl］+［Enter］を押すと、空白セルのすべてに1つ上のセルと同じ値が入力される

同じパターンの入力が続くときは入力候補を活用して手間を省く

　Excelで縦方向（下方向）にデータ入力をする際、事前に選択肢が決まっている項目がある場合は入力規則の設定でリストを作っておくのが便利ですが、リストで制限をかけてしまうと、それ以外のデータを入力できないなどのデメリットも出てきます。

　［Alt］＋［↓］のショートカットを使うと、すでに入力したデータであれば、候補から簡単に入力できて便利です。

1. ［Alt］＋［↓］を押す

2. すでに上の行で入力した項目が選択肢として現れるので、［↓］で打ちたい項目を選んで［Enter］で確定

　Excelの予測変換機能は、勝手に出てきてしまうので鬱陶しいことも。煩わしい場合には、「オプション」→「詳細設定」→「オートコンプリートを使用する」からチェックをはずす、という操作を行い、予測変換機能をオフにすることができます。

033

オートフィルタを使って
条件にあったデータを抽出する

　Excelの必須機能の一つが「オートフィルタ」。直感的に操作ができ、条件に一致するデータだけを抽出できるとても便利な機能です。しかし、ルーティンワークでオートフィルタを多用しているのであれば、今すぐ見直しましょう。このような手作業の繰り返しは、時間のムダであるだけでなく、ミス発生の原因にもなります。関数式を使ってデータを抽出します。

　以下のデータから、担当者が「吉田」のものだけ抽出すると、

1. データベース形式の1つのセルを選択した状態で、「データ」タブ→「フィルター」をクリック

2. 項目行に▼のアイコンが表示されるのでB列のアイコンをクリックし、「吉田」のチェックボックスにチェックを入れて「OK」をクリック

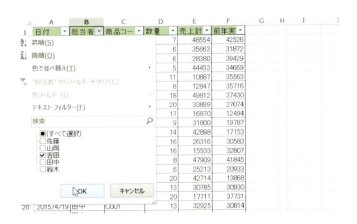

3. 担当者が「吉田」のデータのみが表示される。条件が設定されている項目は▼のアイコンが変化する

	A	B	C	D	E	F
1	日付	担当者	商品コー	数量	売上計	前年実
2	2015/4/1	吉田	A002	7	48554	42526
7	2015/4/6	吉田	A002	8	12847	35716
12	2015/4/11	吉田	C002	14	42898	17153
17	2015/4/16	吉田	B002	20	42714	13868
18	2015/4/17	吉田	C001	13	30785	30930
22	2015/4/21	吉田	A002	10	41993	24904
27	2015/4/26	吉田	A002	15	11070	32779

4. オートフィルタを解除するときは、再度「データ」タブ→「フィルター」をクリックする

　さらに高度な条件で検索を行いたいときは、数値の項目列では「数値フィルター」、文字列の項目列では「テキストフィルター」を使うことで「指定の値より大きい」や「指定の値を含む」などの、より細かい条件でデータを抽出できます。

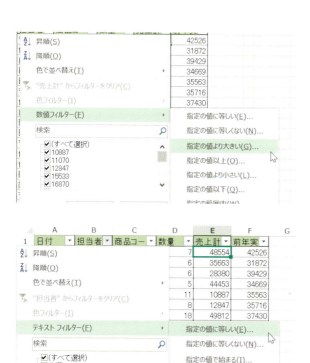

　オートフィルタがうまく動作しない理由として、「データの件数が多すぎて下のほうが無視されてしまう」という悩みを聞くことがありますが、実際、無視されることはありません。

　おそらく空白行があり、その上の行までしかオートフィルタの範囲になっていないことが原因です。オートフィルタで不具合があるときは、データが正しいデータベース形式になっていないことがほとんどです。データ内のセルを1つ選択し、［Ctrl］＋［A］で範囲を確認しましょう（詳しくは、「024　あとあと困らないデータベース表の作り方」を参照）。

034

「,」区切りのデータを一括でセルに分割する

　CSVファイルをテキストエディタで開いてから貼り付けを行う場合など、「,」などの区切り文字で区切られたデータが1つのセル内に入ってしまうことがあります。このままではExcelデータとしての処理や集計が行えないので、フィールドごとに別の列に入力する必要があります。「データ区切り」機能を使って一気にセルに分割し、作業時間を短縮しましょう。

1. A列を列ごと選択し、「データ」タブ →「区切り位置」をクリック

2. 「区切り位置指定ウィザード-1/3」が立ち上がるので、そのまま「次へ」をクリック

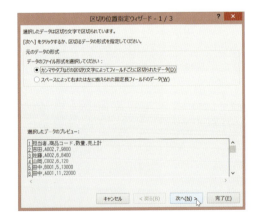

3. 「区切り文字」で「カンマ」にチェックを入れると「データのプレビュー」でデータが区切られた様子が確認できるので「完了」をクリック

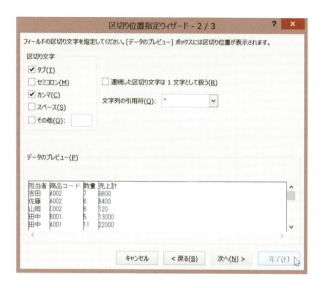

4. データがフィールドごとに分割して入力される

	A	B	C	D
1	担当者	商品コード	数量	売上計
2	吉田	A002	7	9800
3	佐藤	A002	6	8400
4	山岡	C002	6	120
5	田中	B001	5	13000
6	田中	A001	11	22000
7	吉田	A002	8	11200
8	佐藤	A002	18	25200
9	山岡	C002	20	400
10	田中	A002	17	23800
11	田中	C001	9	27000
12	吉田	C002	14	280
13	佐藤	B002	16	3200
14	佐藤	C001	16	48000
15	田中	A002	8	11200
16	鈴木	C001	6	18000
17	吉田	B002	20	4000

データがある最終行まで
コピーされているかを一瞬で確認する

　データ件数が多い場合、先頭行に関数式を打ってダブルクリックし、オートフィルを行う方が多いことでしょう。この操作は、その列の右か左に必ず隣接するデータがあることが条件です。しかし、実務で使用するデータには空白行が入っているケースも多く、そうすると途中までしか関数式がコピーされていないことも。

　膨大なデータをマウスでスクロールして最終行を確認するのは、時間がかかります。ショートカットを使ってデータが最終行まできちんとコピーされているかを一瞬で確認しましょう。

1. 数式を入力したF2:K2セルを選択し、ダブルクリックで数式を下方向にコピー

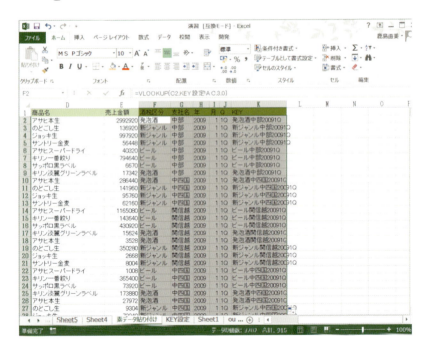

2. F〜K列のいずれかのセル（たとえばF2セル）を選択し、［Ctrl］+
   ［↓］を押して確認。619行目のデータが空白だったため、数式が618行
   目までしかコピーされていなかった

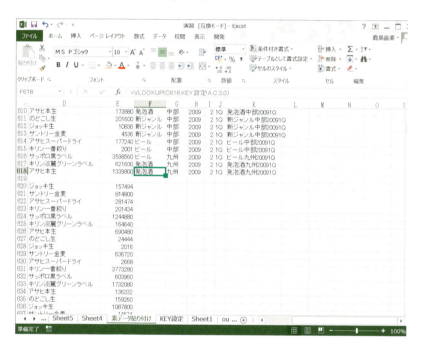

3. F618:K618の数式を選択し、数式を620行目までコピーし、再度オート
   フィルをかける
※必要に応じて1. 2. の操作を繰り返す

　［Ctrl］+カーソルキーは、データが続いている場合、そのデータの矢印の方
向の一番端までカーソルを飛ばすことができます。また、［Ctrl］+［Shift］+カ
ーソルキーでは、セル範囲を選択します。どちらも覚えておくと、実務で大変役に
立つショートカットです。

036

構成比をラクに求めるための絶対参照の使い方

　Excelで構成比(「部分／全体」)を出すときには必ず、分母である「全体」に絶対参照を付けることがポイントです。複数の分類で構成比を出す必要があるとき、置換機能を活用すると、1つの式を打つだけで他の分類にも式をコピーで展開することができて効率的。

　置換機能では数式の中の文字を置換することも可能です。このテクニックを覚えておくと、10カ所でも100カ所でも式を打ち換えることなく一瞬で表を埋めることができます。

1. 「生菓子」のブロック(E2:E9)の構成比を埋める。E2セルに「=C2/$C$9」と入力し、9行目までドラッグコピー

	A	B	C	D	E	F
1	区分	エリア別	2014年計	2013年計	エリア構成比	
2	生菓子	都心エリア	75,246	83,675	=C2/$C$9	
3		城東エリア	91,748	75,941		
4		上野エリア	77,937	84,723		
5		池袋エリア	184,598	207,412		
6		新宿エリア	114,631	78,590		
7		渋谷エリア	66,293	70,750		
8		品川エリア	40,920	39,401		
9		東京都計	651,373	640,491		
10	半生菓子	都心エリア	38,775	47,205		
11		城東エリア	59,593	56,952		
12		上野エリア	91,417	41,537		
13		池袋エリア	72,692	126,863		
14		新宿エリア	47,139	70,066		
15		渋谷エリア	53,502	64,621		
16		品川エリア	38,883	16,966		
17		東京都計	402,000	424,208		
18	干菓子	都心エリア	73,953	86,154		
19		城東エリア	125,003	70,085		

2. E2:E9のセル範囲を選択し、[Ctrl]＋[H]で「検索と置換」ウィンドウを立ち上げる。「検索する文字列」に「$」、置換後の文字列は空白のままにし、「すべて置換」をクリック（「16件を置換しました。」と表示され、式の中の「$」が消える）

3. E2:E9のセル範囲を[Ctrl]＋[C]でコピーし、E10から最終行までの範囲を選択し、[Ctrl]＋[V]で貼り付ける

構成比は必ず合計（表の場合は「全国計」）が100％になるので、式が正しく入力されているかどうかの目安になります。

037

データを売上順、得点順に素早く並べ替える

「並べ替え」機能は、仕事でExcelを使う上で必須の機能。たとえば社名と売上が含まれる顧客データについて、重要顧客から順にアプローチをかけるために売上順に並べ替えを行う必要があります。データを素早く並べ替える機能はマスターしておいて損はありません。並べ替えには「簡単な方法」と「丁寧な方法」の2種類があり、用途に応じて使い分けます。

【簡単な並べ替え】
データを日付順に並べ替えるなど1項目だけで並べ替えをする場合に便利です。

並べ替えたい項目列（A列）のセル1つを選択し、「データ」タブから「AZ↓」（昇順で並べ替え）のアイコンをクリック（降順で並べ替えを行う時には「ZA↓」）

【丁寧な並べ替え】

データを判定欄で昇順、得点が高い順（降順）で並べ替える等、複数条件がある場合にこちらを使います。

1. データベース形式のデータの中のどれか1つのセルを選択した状態で、「データ」タブ→「並べ替え」をクリック

2.「最優先されるキー」で「判定」「昇順」を選択し、「レベルの追加」を
クリック

3.「次に優先されるキー」で「得点」「降順」を選択し、「OK」をクリック

4. データが判定（昇順）、得点（降順）で並べ替えられる

データベース形式の場合「先頭行をデータの見出しとして使用する」にチェックが入っていなければ、項目行も並べ替えられてしまいます。逆に言うと、項目行の上に表タイトルなどが隣接して入力されている（データベース形式になっていない）場合は、項目行まで並べ替えられてしまいますので、注意が必要です。

氏名など英数字以外の項目で並べ替えを行うときにうまくいかないのは、そのデータがフリガナデータを持っていないことが原因です。手入力したデータであれば、入力した通りのフリガナが設定されますが、ダウンロードしたデータやWebサイトからコピーしたデータなどはフリガナを持たない場合があります。そのような場合、一度、フリガナを持ったデータでマスタを作り、VLOOKUP関数などで置き換える処理を行う必要があります。

038

前年比が100％未満だったら自動的に色をつける方法

　分析の基本である「分けて比べる」上で最も重要な指針の1つが前年比。資料作成の際、前年比が100％を切る部分にはハイライトを付けて目立たせるなど工夫が求められます。

　「条件付き書式」機能を活用して、100％未満のセルに自動的に色を付ける仕組みを設定します。前年比が100％を下回るセルを赤で塗りつぶし、文字色を白で表示するには、

1. 「E2:E9」のセル範囲を選択する
2. 「ホーム」タブ→「条件付き書式」→「新しいルール」をクリック

3. 「数式を使用して、書式設定するセルを決定」をクリック。「次の数式を満たす場合に値を書式設定」の入力ボックスを一度クリックしてから、代表セルであるE2セルをクリック
4. 「=$E$2」と入力されるので［F4］を3回押して「$」をはずす。「=E2<100％」という論理式を完成させる

5.「書式ボタン」をクリックし、書式を設定してOKをクリック

セル範囲を選択したときに白くなっているセル（図の場合ではE2セル）を代表セルといい、そのセルを基準に条件付き書式を設定します。

4.で入力した条件式は「=E2<1」でも同じ意味になりますが、ルールをあとで管理するときのわかりやすさを重視し、「100%」と入力するようにしましょう。

このような設定は、その都度行うのではなく、あらかじめ設定して、フォーマット化しておくことが時短においては大切です。

039

申請書の入力項目が空欄のとき、色をつけて知らせる

　Excelで社内の申請書などを運用している場合、ぜひ設定しておきたいのが、空白セルのアラート機能です。必須入力項目が空欄のとき、セルに色がついて知らせてくれます。
　B2:C2セルに設定したい場合、B2:C2のセル範囲を選択し、

1. 「ホーム」タブ→「条件付き書式」→「新しい書式ルール」で「次の数式を満たす場合に値を書式設定」の入力ボックスに「=B2=""」と入力し、書式を設定する

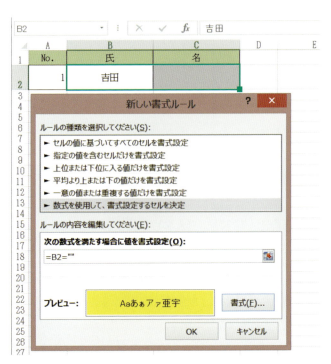

2. 選択範囲に書式が設定され、空白のC2セルに色がつく

3. C2セルに値を入力すると、色が消える

040

入力のバラつき(表記のゆれ)を防ぐためフォーマットに入力規則を設定する

　Excelで社内の申請書などを運用している、あるいは複数人で分かれて入力作業を行うなどの場合、あらかじめ入力規則を設定することで、入力ミスを防ぐ仕組み作りが可能です。入力する側が楽になるのはもちろん、集計する側もチェックやデータ修正の手間が省け、双方の作業時間短縮につながります。
　データの入力規則は、「データ」タブ→「データの入力規則」から設定を行います。

・半角英数字で入力させる
　メールアドレスや電話番号など半角英数字で入力させたい項目は、IMEモードをオフ、もしくは無効に設定します。
　　　IMEモードオフ：入力者が意図的に全角に変換して打つことができる。基本的には英数で入力するが、まれに全角で入力する必要のある場合に適。
　　　IMEモード無効：英数字でしか入力できない。絶対に英数字でしか入力させたくない場合に適。

「日本語入力」タブをクリック。「オフ（英語モード）」もしくは「無効」を選択する

・あらかじめ選択肢を設定する

選択肢が限られている場合は事前に設定しておきます。

〈1～12など決まった数字を打たせたい場合〉

「設定」タブをクリック。「入力値の種類」で「整数」を選択。最小値に「1」、最大値に「12」を入力してOKをクリック

〈男・女の選択など選択肢の数が少ない場合〉
「入力値の種類」で「リスト」を選択。「元の値」ボックスに「,」区切りで「男,女」と入力してOKをクリック

〈担当者など選択肢の数が多い場合〉
「入力値の種類」で「リスト」を選択。「元の値」ボックスを一度クリックした後、あらかじめシート状に用意した選択肢のセル範囲を選択してOKをクリック

・エラーメッセージを編集する

　セルに入力制限をかけておくと、それ以外の値を入力したときに以下のようなデフォルトのエラーメッセージが出ます。わかりづらく、不親切です。このメッセージを編集します。

「エラーメッセージ」タブで、「タイトル」欄と「エラーメッセージ」欄に表示させたいメッセージを入力

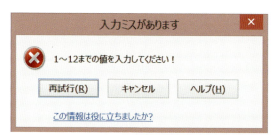

041

大量のリスト入力は2段階で絞り込む

　データの入力規則機能を使えば、プルダウン形式のリストから入力させることができますが、全社員名など項目が多い場合にはかえって探すのに時間がかかってしまいます。部署名を選択すると、該当部署の社員名のみが表示されるリストを作っておけば効率的。

　セル範囲に名前が付けられる「名前の定義」機能とINDIRECT関数を組み合わせて2段階のリストを作成します。F1セルで部署名を選択するとF2セルで担当者名のリストが現れるよう表を作成しておきます。

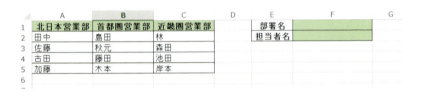

1. **部署ごとの社員リストを作る。**セルに名前が入力されている場合は、そのセル（A1セル）を選択した状態で「数式」タブ→「名前の定義」をクリック（名前欄に自動で「北日本営業部」と入力される）

2. 「参照範囲」の欄を一度すべて削除し、マウスで「A2:A5」のセル範囲を選択して「OK」をクリック

3. 他の営業部も同様に「名前の定義」をする
4. F1セルを選択し、「データ」タブ→「データの入力規則」をクリック。「入力値の種類」で「リスト」を選択し、「元の値」ボックスをクリックし、「A1:A3」を選択してOKをクリック
5. F2セルを選択し、「データの入力規則」「入力値の種類」で「リスト」を選択、「元の値」ボックスに「=INDIRECT($F$1)」と入力して「OK」をクリック（F1セルの絶対参照はつけなくても可）

6. 「元の値はエラーと判断されます。……」とアラートが表示されるので「はい」をクリック

7. F1セルで部署名を選択すると、F2セルでその部署の担当者名が選択できる

「名前の定義」をしても、画面表示は何も変わらないので実感が少ないかもしれませんが、付けた名前は、名前が付けられたセル範囲を選択したときに「名前ボックス」に表示されます。逆に、「名前ボックス」に付けた名前を入力すると、その範囲が選択されます。

「数式」タブ→「名前の管理」でも確認ができます。

簡単な集計表を一瞬で作る
ピボットテーブル

　Excelには、ピボットテーブルというデータベース形式のデータから縦軸と横軸からなる逆L字型のマトリックス表が簡単に作れる便利な機能があります。

1. データベース形式の表のうち、任意の1つのセルを選択した状態で［挿入］タブ→［ピボットテーブル］をクリック
2. ［ピボットテーブルの作成］画面で「OK」をクリック
3. 画面右側の「フィールドリスト」から、「区名」と「売上金額」にチェックを入れると、区名ごとの集計が完成する

4.「商品名」と書かれている部分を右画面下の「列ラベル」ボックスにドラッグ&ドロップすると区名、商品名別の集計ができる

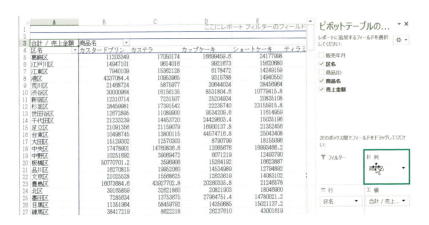

※ピボットテーブルのオプション→「表示」タブにて「従来のピボットテーブルレイアウトを使用する（グリッド内でのフィールドのドラッグが可能）」にチェックを入れます。

　ピボットテーブルを使えば簡単にこのような集計表を作ることができますが、これを分析を要するルーティンワークで使っている場合は要注意。「分析」の基本は分けて比べることですが、ピボットテーブルは実数しか出しません。
　ピボットテーブルだけで表が完成しているのであれば、それは正しい分析が行えていないということ。さらに、所定の表に何度もコピー&ペーストしたり並べ替えを行っている場合、時間の無駄、かつミスが起きやすい状況です。
　定期的に何度も更新する資料を作る場合には、関数を組み込んだ表を作ることが効率的です。

ピボットテーブルで重複を一括削除する

データの重複は、ピボットテーブルを使うと簡単に削除することができます。ピボットテーブルは重複を削除するときのみに使用し、表作成には用いないこと。使いどころを誤らなければ、これほど便利な機能はありません。

1. 重複を削除したい表の中の1つのセルを選択した状態で「挿入」タブ→「ピボットテーブル」をクリック。「ピボットテーブルの作成」画面で「OK」をクリック
2. フィールドリストで「ID」にチェックを入れると重複が削除される

3. シート全体を選択し、[Ctrl]+[C]でコピー。右クリックで「形式を選択して貼り付け」をクリックし、「値」にチェックを入れて「OK」をクリック

ピボットテーブルの機能を消さないままだと、表の中をクリックするたびに、右にフィールドリストなどが現れます。「値貼り付け」でピボットテーブルの消去を覚えておきましょう。

044

数式をラクに埋められる表作成の秘密

　下の表Aは、元データに加工を加えた表Bのデータをもとに関数式を駆使して作られたものです。約200以上のセルは、同じ式をコピーして使えるような工夫がなされているため、入力時間も入力ミスのリスクも大幅に減少することができています。運用しやすいフォーマットを作成するポイントがいくつかあるので知っておくとよいでしょう。

【表示形式を工夫する】
　上図AのI6セルに入力されているSUMIF関数は、第二引数のセル指定で「生菓子都心エリア2014第1四半期」という文字列を作っています。I6セルの実際の値は、数式バーに入力されている通り、「2014」とだけ入力されていますが、表示形式を「0000"年"」にすることによって、「2014年」と見せています。

【隠し文字を利用する】

　J7セルには「=SUMIF(データベース加工!$K:$K,$A7&$B7&J$5&J$4,データベース加工!$E:$E)」と入力されています。[F2]で参照元のセルを確認すると、第二引数は一見空白に見えるA7セル、K4セルを参照しています。A7セルは、実際には「=A6」という数式が入っています。文字の色を白にするか、「表示形式」を「;;;」にすることで、見た目をすっきりさせているだけなのです。（K4セルにも同様に「=J4」と入力されています）

HYPERLINK			f_x =A6		
	A	B	I	J	K
1					
2	■菓子類 区分別売...				
3					
4			第1四半期		
5	区分	エリア別	2014年	2013年	前年比
6	生菓子	都心エリア	32,110	43,186	74%
7	A6	城東エリア	30,291	19,397	156%
8		上野エリア	20,052	27,369	73%
9		池袋エリア	67,782	45,084	150%
10		新宿エリア	16,082	15,664	103%

【セルの結合はしない】

「セルの結合」を行ってしまうと関数式が一気に壊れてしまいます。セルを結合しなければならない特別な事情がない限り、セルの結合は絶対にしないでください。

	A	B	I	J	K	L	M	N
1								
2	■菓子類 区分別売...							
3								
4			第1四半期			第2四半期		
5	区分	エリア別	2014年	2013年	前年比	2014年	2013年	前年上
6		都心エリア	32,110	43,186	74%	9,766	14,719	
7		城東エリア			#DIV/0!			#DIV
8		上野エリア			#DIV/0!			#DIV
9	生菓子	池袋エリア			#DIV/0!			#DIV
10		新宿エリア			#DIV/0!			#DIV
11		渋谷エリア			#DIV/0!			#DIV
12		品川エリア			#DIV/0!			#DIV
13		東京都計	32,110	43,186	74%	9,766	14,719	
14	半生菓子	都心エリア	17,676	15,962	111%	5,155	17,081	

　実際にはセルの結合を行わず、セルを結合しているように表示することも可能です。A1セル「北日本営業部」の文字を、A1～D1セルを結合したときのような見た目にする場合、

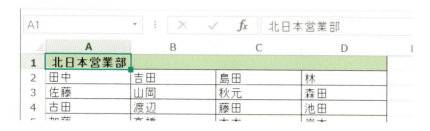

1. A1:D1のセル範囲を選択し、[Ctrl] + [1] でセルの書式設定を立ち上げる。「配置」タブ→「横位置」で「選択範囲内で中央」を選択し「OK」をクリック

2. セルの結合はせずに中央で文字が表示される

045

1000円単位の表作成における正しい方法

　決算書など大きな金額を出す表を作る際、金額を1000円単位や100万円単位で表示する場合があります。セルには正しい金額を入力した状態で、表示単位を変えることができます。

　B列の金額を1000円単位にする場合、

1. B列を列ごと選択し、［Ctrl］＋［1］でセルの書式設定を立ち上げる

2. 「表示形式」タブ→「分類」で「ユーザー定義」を選択。「種類」のボックスに「#,###,」と入力し、OKをクリック

3. セルの中身の数字は変わらず、セルの表示のみ1000円単位の金額表示になる

1000円単位：#,###,
100万円単位：#,###,,

　まれに「表示を1万円単位にしたい」という要望もありますが、残念ながら桁区切りの「 , 」の位置以外での単位表示はできません。別途、割り算などで数字を修正する処理が必要になります。

046

24時間を超える足し算結果を正しく表示する

　勤務時間の合計などを出したいとき、時間表示がうまくいかないことがあります。下の勤務時間を管理する表でD7セルは本来40時間であるはずですが16時間となっています。Excelで時刻を計算する場合、24:00を超えると24時間になった時点で表示が0:00に戻ってしまうためです。計算自体は正しくされているため、表示形式を変更することで解決します。

1. 右クリックメニュー、もしくは［Ctrl］+［1］でセルの書式設定を開く
2. 「表示形式」タブで「ユーザー定義」を選択し、「種類」の欄に「[h]:mm」と入力

D7				f_x	=SUM(D2:D6)

	A	B	C	D	E
1	勤務日	出勤時刻	退勤時刻	実働時間	
2	6月1日	9:00	17:00	8:00	
3	6月2日	9:00	17:00	8:00	
4	6月3日	9:00	17:00	8:00	
5	6月4日	9:00	17:00	8:00	
6	6月5日	9:00	17:00	8:00	
7	合計労働時間			40:00	

047

表の縦横を一瞬で入れ替える

　通常、マスタなどの表は、先頭に項目行があり、縦方向に入力されているものがほとんどです。しかしごくまれに図のような横方向のマスタを目にすることがあります。このようなマスタでは、VLOOKUP関数は使えず、見た目もあまりよくありません（代わりにHLOOKUP関数を使います）。運用効率を考えると、縦横を入れ替えたマスタに作り替えてしまうのがベストです。

1. A2:G4のセル範囲を選択し、［Ctrl］＋［C］でコピー
2. 貼り付け先のセル（A6セル）を選択し、右クリックメニューから「形式を選択して貼り付け」をクリック
3. 「行列を入れ替える」のチェックボックスにチェックを入れて「OK」をクリック

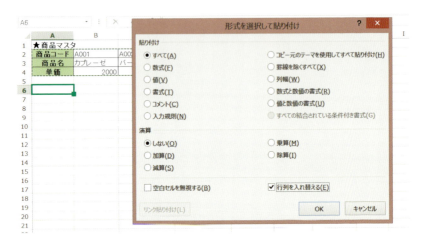

4. 項目行が上にあるマスタができあがる

	A	B	C	D	E	F	G
1	★商品マスタ						
2	商品コード	A001	A002	B001	B002	C001	C002
3	商品名	カプレーゼ	バーニャカウダ	アクアパッツァ	バゲット	カルパッチョ	アクアコッタ
4	単価	2000	1400	2600	200	3000	1500
5							
6	商品コード	商品名	単価				
7	A001	カプレーゼ	2000				
8	A002	バーニャカウダ	1400				
9	B001	アクアパッツァ	2600				
10	B002	バゲット	200				
11	C001	カルパッチョ	3000				
12	C002	アクアコッタ	1500				
13							

「形式を選択して貼り付け」機能をよく使うのであれば、ショートカットを覚えておくと便利です。

［Ctrl］＋［Alt］＋［V］：形式を選択して貼り付け

また、「形式を選択して貼り付け(E)」のように書かれている場合は、［Alt］と( )の中に書かれているアルファベットを同時に押すことで選択できます。

048

グラフタイトルはセル参照にもできる

　Excelでグラフを作成したときにグラフタイトルを直接編集する方法はよく使われていると思いますが、それをセル参照にできることは意外と知られていません。セル参照に設定しておけば、編集がとてもラクになります。ルーティンで使いまわすグラフなどはとくに、メンテナンスも簡単になるだけでなく、タイトル変更のミスも減ります。

1. グラフ内のグラフタイトルを選択する

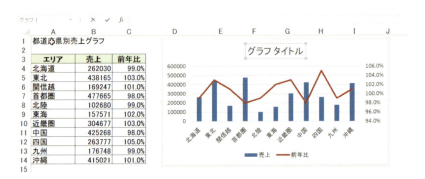

2. 数式バーに = を入力し、A1セルをクリックする

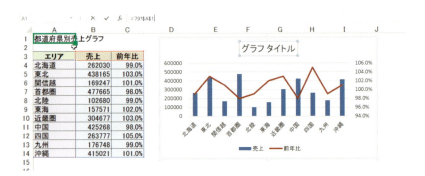

3. グラフタイトルがA1セルと同じ値になる

　サンプルファイルのように、グラフの元表（参照範囲）を関数で集計し、複数を切り替えて表示する場合に、グラフタイトルをセル参照にすると非常に効率的です。

049

意外と知られていない
2軸グラフの作り方

　Excel2007以降、グラフエリア上の右クリックで2軸のグラフが作成できなくなりましたが、下記の要領で、2軸のグラフを作ることができます。最低限の用語を覚えておけば、直感的に操作し、カスタマイズすることができます。

例）売上と前年比の2軸のグラフを作成する

1. グラフの元データ範囲を選択し、「挿入」タブ→「縦棒グラフの挿入」をクリック

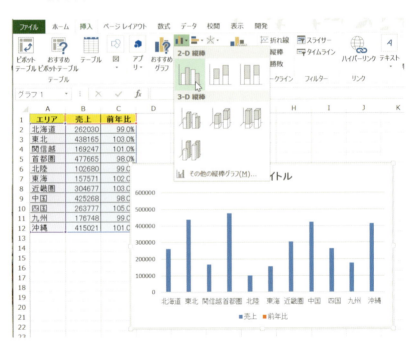

2. グラフをクリックし、グラフ選択時のみに現れる「グラフツール」→「書式」タブの一番左側にある「グラフ要素」ボックスで「系列"前年比"」を選択する。グラフ内でも、前年比が選択されているのが確認できる

3. 「選択対象の書式設定」をクリックし、「系列のオプション」→「使用する軸」で「第2軸」を選択

4. 「グラフ種類の変更」をクリックし、前年比系列を折れ線グラフに変更する

5. 2軸のグラフが完成する

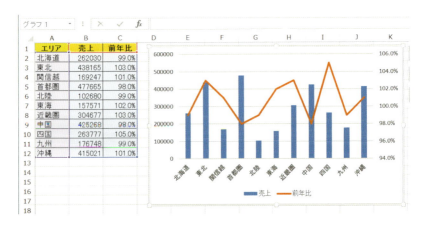

050 大量の連番を作る方法

　まったくデータがない状態で、先に大量の連番を作成したい場合があります。10件や20件ならまだしも、1000件単位のデータをドラッグコピーして作るのは面倒ですし、時間もかかります。「連続データの作成」という機能を使って1000件でも10000件でも一瞬で連番を設定します。
　A2セルから縦方向に1000件の連番を作りたい場合、
1. A2セルに「1」と入力
2. 「ホーム」タブの「フィル」→「連続データの作成」をクリック

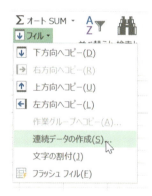

3. 範囲ボックスで「列」を選択し、「停止値」に1000と入力して「OK」をクリック

　横方向に連番を作りたいときは、連続データの作成メニューで、範囲を「行」に設定します。

051

A01-0001のような枝番付きの連番を作る

「A01-0001」のような連番を大量に効率的に作るにはどうすればいいでしょう。「連続データの作成」機能ではこのような連番に対応していませんし、ダブルクリックでオートフィルは、そのセルが埋まっているか隣接しているデータがなければ作ることができません。発想を転換して、埋めたいセルのすべてに何らかの文字を入力してしまいます。

A1セルからA1000セルまで「A01-0001」で始まる連番を作る場合、

1. 「名前ボックス」に「A1000」と入力し、A1000セルまでジャンプする

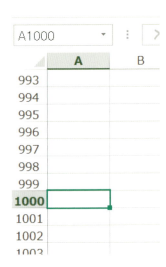

2. ［Ctrl］＋［Shift］＋［↑］でA1:A1000のセル範囲を選択し、「1」
と入力し、［Ctrl］＋［Enter］で一括入力する

3. ［Ctrl］＋［↑］でA1セルに戻り、A1セルに「A01-0001」と入力。
ダブルクリックでオートフィル。「A01-0001」から「A01-1000」の連
番が入力される

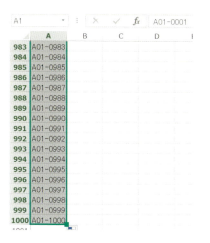

052 空白セルを無視してコピペする方法

　下の図のような場合や、複数人で同一ファイルを修正した場合など、データをまとめるときに元データの上に編集後のデータを貼り付けることがあります。普通に貼り付けると、修正した部分以外が空白になってしまいますし、修正したデータだけを選んで貼り付ける作業には時間がかかります。

　「形式を選択して貼り付け」で「空白セルを無視する」機能を使用し、一気に解決しましょう。

　D列で修正が入ったセルのみB列の担当者名を変更する場合、

1. D列を列ごと選択し［Ctrl］+［C］でコピー

2. B列を選択し、右クリックメニューから「形式を選択して貼り付け」をクリック。「空白セルを無視する」にチェックを入れて「OK」をクリックする

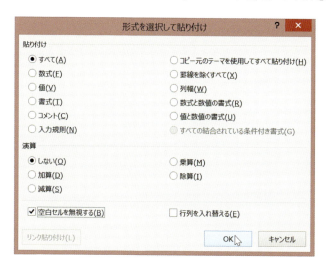

3. D列に値が入っているセルのみ上書きされる

053

シート上で複数の表を
自由にレイアウトする意外な方法

　Excelで請求書などのフォーマットを作る際、セルの縦横幅を極端に小さくしたいわゆる「Excel方眼紙」を利用するケースが多いかもしれません。しかし、Excel方眼紙には入力しづらい、メンテナンス性が悪いというデメリットがあります。

　最初にフォーマットを作るにも、セルの結合を何度も調整したり無駄な時間がかかります。「図のリンク貼り付け」を使えば、直感的に自由なレイアウトが素早くできます。

1. 別のシートで表を作り、表の範囲を［Ctrl］＋［C］でコピー

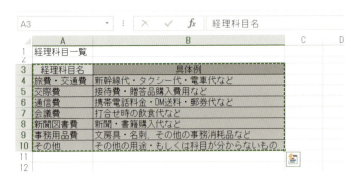

2. 貼り付け先のシートのセルをクリックし、「ホーム」タブ→「その他の貼り付けオプション」の中の「リンクされた図」をクリックする

114

3. 図の形式で表が貼り付けられるので、レイアウトを調整する
4. 表の中のセルをクリックすると元表のシートに移動するので、編集すると貼り付けられた表にも反映される

　図のリンク貼り付けを頻繁に使う場合、カメラアイコンを「クイックアクセスツールバー」に出しておくことをおすすめします。

1. クイックアクセスツールバーの▼ボタンをクリックし、「その他のコマンド」をクリック

2. 「コマンドの選択」で「リボンにないコマンド」を選択し、「カメラ」を「追加」して「OK」をクリック

カメラアイコンは以下のように使います。

1. コピーしたいセル範囲（表）を選択し、カメラアイコンをクリック

2. 貼り付け先をマウスで指定する

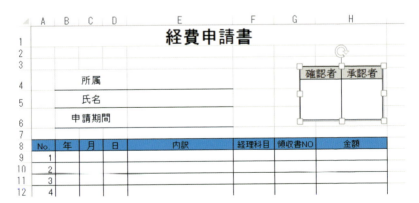

勝手にシートをいじらせないためのシートの保護

　ルーティンワークで表を作成するときには、ピボットテーブルで毎回貼り付け作業を行ったり、関数式を入力したりするのではなく、フォーマットにあらかじめ関数を組み込んでおき、データを貼り付けるだけで一瞬で表が完成する仕組みを作ります。

　作った表を運用する際に必要なのは、関数式を壊さない工夫。シートの保護機能を使ってフォーマットを維持します。

　下表のような「集計表」シートで、ルーティンワークで直接入力する必要がない場合、シート全体を保護します。

「データベース加工」シートでは、関数式の入力された部分のみを保護しておく必要があります。

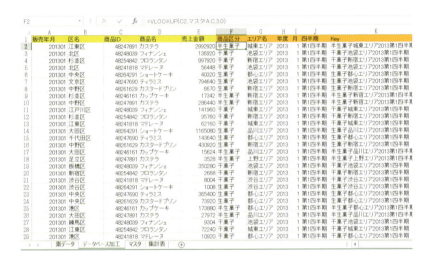

【シート全体を保護する方法】
1.「校閲」タブ→「シートの保護」をクリック

2. 必要に応じて、保護されたセルの選択可否、パスワードの設定などを行い、「OK」をクリックする

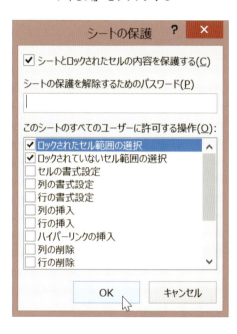

【シートの一部のみを保護する方法】
1. 元データを貼り付けるA 〜 E列は項目行、関数ゾーンであるF 〜 K列は項目行と関数を入力した最初の1行のみを残し、データを削除する（関数ゾーンは項目行の色も変えておく）

2. シート全体を選択し、［Ctrl］＋［1］で書式設定を開いて「保護」タブ
をクリック。「ロック」からチェックをはずし、「OK」をクリックする

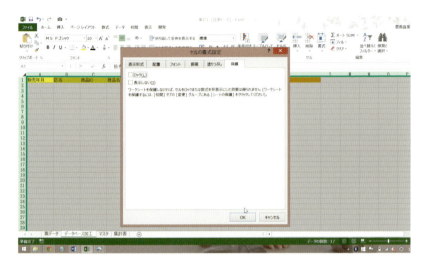

3. 保護をかけたいF2:K2のセル範囲を選択し、書式設定→「保護」タブ→
「ロック」にチェックを入れて「OK」をクリック
4. 「校閲」タブ→「シートの保護」をクリックし、各種設定をした後に
「OK」をクリックする

　次回表作成時には、A 〜 E列にデータを貼り付けた後、F2:K2のセル範囲
を選択し、ダブルクリックでデータ最終行までオートフィルをかけます。

055

意外と知られていない
Webからのコピペの正しい手順

　ブラウザから表の情報をコピー&ペーストするときに、必要な範囲をうまく選択できずにイライラしたり、シートに貼りつけた後に余分なアイコンがついてきたり、書式が変わってしまったりと、余計な手間を取られることが多くあります。

【範囲を選択してコピー&ペーストする】
1. コピーしたい範囲の先頭をクリック（きちんとクリックしたかわかりづらい場合は、数文字選択してもよい）

2. コピーしたい範囲の終点を［Shift］を押しながらクリックして範囲を選択する

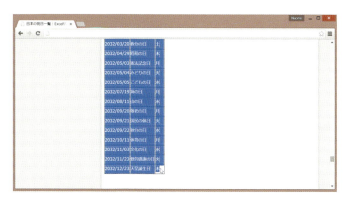

3. [Ctrl] + [C] → [Ctrl] + [V] でシートにコピー&ペースト

	A	B	C
1	日付	祝日名	曜日
2	2013/1/1	元日	火
3	2013/1/14	成人の日	月
4	2013/2/11	建国記念の日	月
5	2013/3/20	春分の日	水
6	2013/4/29	昭和の日	月
7	2013/5/3	憲法記念日	金
8	2013/5/4	みどりの日	土
9	2013/5/5	こどもの日	日
10	2013/5/6	振替休日	月
11	2013/7/15	海の日	月
12	2013/9/16	敬老の日	月
13	2013/9/23	秋分の日	月
14	2013/10/14	体育の日	月
15	2013/11/3	文化の日	日
16	2013/11/4	振替休日	月
	2013/11/23	勤労感謝の日	土

　必要に応じて、ハイパーリンクやオブジェクトの一括削除を行います（「003 既存のハイパーリンクを一括で削除したい」、「017　シート内の不要になった図形を一括で削除する」参照）。

【「Webクエリ」機能を使用する】
「Webクエリ」とは、名前の通りWebページの問い合わせ・照会機能です。
1. 「データ」タブ→「Webクエリ」をクリック

2. 「アドレス」欄にコピーしたい表の入ったページのURLを入れて「移動」をクリック
3. 必要な個所の右矢印アイコン（→）をクリックして、画面右下の「取り込み」をクリック

　この機能を使った場合は、ハイパーリンクやアイコン等の画像は取り込まれずに、テキスト文字だけが取り込まれます。右矢印アイコンはところどころに出ますが、どのような場所に出るかがわかりづらいのが困りものです。

　また、Excelがテーブル（HTMLのtableタグ）として認識している箇所に表示されるのですが、Webデザインがtableタグを使わないものも多くあるために、なかなか意図した範囲を取得できないことがあります。

3

こんなこともできる!

関数の
速技

Excelによる表作成やデータ加工などの作業をスピードアップするために考え出されたのが「関数」です。簡単な関数を知らないがゆえに膨大な作業に時間をかけている事例は実際に数多く起きています。その事例の中から特に頻出していたケース、時間とエネルギーのムダ使いが深刻だったケースを解決した関数を中心にご紹介致します。

056

自動判定のスピードアップ関数 〜IF関数

　試験の得点を見て、80点を合格ラインとした合否判定を行う処理を行いたい。もちろん、データを目で見て1件ずつ合否を打ち込んでいくような時間はありません。

　そんなときに役に立つのがIF関数。Excelの6つの超重要必須基礎関数の1つです。IF関数は第一引数に論理式（比較演算子を用いたYesかNoかで判定できる式）、第二引数に「Yes（論理式が「真」の場合）」に入れたい値、第三引数に「No（論理式が「偽」の場合）」に入れたい値を入力します。

　得点が80点以上なら「合」、79点以下なら「否」と入力したい場合、

C2セルに「=IF(B2>=80,"合","否")」と入力し、データ最下端行までドラッグコピー

	A	B	C
1	No	得点	合否
2	1	68	否
3	2	91	合
4	3	20	否
5	4	27	否
6	5	62	否
7	6	97	合
8	7	91	合
9	8	82	合
10	9	92	合
11	10	31	否

　こうした作業を頻繁に行うなら、あらかじめIF関数を仕込んだ表を作っておきましょう。所定の位置に点数を入力すれば、自動で判定が表示されて便利です。

【応用】条件が複数ある場合の判定方法は?

今度は成績表のような複数の条件がある場合の式の入力方法です。条件が複数ある際には、複数のIF関数を1つの式に組み込んで判定します。

得点が80以上なら「A」、79点以下50点以上なら「B」、49点以下なら「C」を「合否欄」に入力する場合、

C2セルに「=IF(B2>=80,"A",IF(B2>=50,"B","C"))」と入力し、データ最下端行までドラッグコピー

	A	B	C	D	E	F	G
C2		fx	=IF(B2>=80,"A",IF(B2>=50,"B","C"))				

	A	B	C	D	E	F	G
1	No	得点	合否				
2	1	68	B				
3	2	91	A				
4	3	20	C				
5	4	27	C				
6	5	62	B				
7	6	97	A				
8	7	91	A				
9	8	82	A				
10	9	92	A				
11	10	31	C				
12							

Ver.2003まではIF関数のネスト(入れ子)は6個まででしたが、Ver.2007以降、最大で64個まで入力できるようになりました。しかし、ネストの数が多すぎると当然式は複雑になり、可読性が著しく下がります。

IF関数のネストは最大でも4〜5個までとし、大量にIF関数を組まなければならないときは、別途マスタを作ってVLOOKUP関数を用いましょう。そのほうがメンテナンスしやすく、効率も格段に上がります。

057

数値合計のスピードアップ関数〜SUM関数

　大量のセルを足し算したいとき、何度も「+」を入力するのは非効率。そこでSUM関数を使います。

　B列、C列、D列の合計を出すには、

B9セルに「=SUM(B2:B8)」と入力し、D9セルまでドラッグコピー

	A	B	C	D
1	エリア名	干菓子	生菓子	半生菓子
2	渋谷エリア	170,334	137,043	118,123
3	上野エリア	182,320	162,659	132,954
4	城東エリア	195,087	167,690	116,544
5	新宿エリア	122,193	193,221	117,204
6	池袋エリア	320,021	392,010	199,555
7	都心エリア	160,107	158,921	85,980
8	品川エリア	61,319	80,321	55,848
9	合計	1,211,382	1,291,864	826,208

　ただし、ビジネスの場で本当に必要とされる数字は、単なる合計金額ではありません。合計金額が何件の売上によって成り立っているのか、どんな数字の内訳なのか、つまり数字を成り立たせる背景です。「060　件数カウントのスピードアップ関数〜COUNTA関数」、「062　条件付き集計のスピードアップ関数〜SUMIF関数」で得られる数値を意識することで、ビジネススキルを高めましょう。

オートSUMのスピードを上げる

　SUM関数は業務での使用頻度の高い関数の一つ。連続したセル範囲の合計を出す場合、オートSUMのショートカットが便利です。

オートSUMのショートカット
[Alt] + [Shift] + [=]

　複数のセルを選んでおけば、[Alt] + [Shift] + [=] 1回で一気にオートSUMを入れられます。

1. 合計を入れたいセル範囲（B9:D9）を選択する

	A	B	C	D
1	エリア名	干菓子	生菓子	半生菓子
2	渋谷エリア	170,334	137,043	118,123
3	上野エリア	182,320	162,659	132,954
4	城東エリア	195,087	167,690	116,544
5	新宿エリア	122,193	193,221	117,204
6	池袋エリア	320,021	392,010	199,555
7	都心エリア	160,107	158,921	85,980
8	品川エリア	61,319	80,321	55,848
9	合計			

2. [Alt] + [Shift] + [=] を押すと、一気に3セルに合計が入る

B9　=SUM(B2:B8)

	A	B	C	D
1	エリア名	干菓子	生菓子	半生菓子
2	渋谷エリア	170,334	137,043	118,123
3	上野エリア	182,320	162,659	132,954
4	城東エリア	195,087	167,690	116,544
5	新宿エリア	122,193	193,221	117,204
6	池袋エリア	320,021	392,010	199,555
7	都心エリア	160,107	158,921	85,980
8	品川エリア	61,319	80,321	55,848
9	合計	1,211,382	1,291,864	826,208

　ショートカットがうまく作動しないときは、セルが編集状態になっていないか、確認してください。[ESC] を押してセルの編集状態を解除することで解決します。

059

SUM関数で離れたセルを合計する

　合計値を出すSUM関数はとても便利ですが、連続したデータ範囲の和ではなく、離れたセルの和を出すときには手間がかかります。いちいちセルを選択し、「,」を入力して……と、数が多くなればなるほど右手がマウスとキーボードを行ったり来たりして非効率的。ショートカットキーを活用して作業時間を短縮します。
　B3セルに、色のついた4セルの合計値を出す場合、

1. 「=SUM（」まで入力する
2. 左手で［Ctrl］を押したまま、マウスでセル選択を繰り返す
3. 「）」を入力し、［Enter］で確定

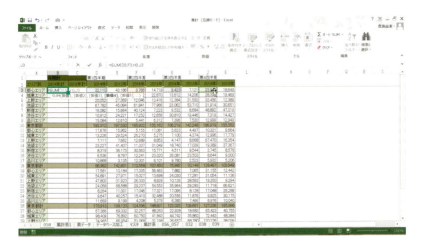

　これは、SUM関数のほかにPRODUCT関数やDATE関数、CONCATENATE関数など「,」区切りでセルを引数に指定する関数に応用できます。ぜひ覚えておきたい速技です。

件数カウントのスピードアップ関数
〜COUNTA関数

　データ数の多いリストに今何件のデータが入っているかを瞬時に知りたいとき、列または行全体を選択すると、ステータスバーの表示で確認できます。

　その件数をシート上に常に表示しておきたい場合に便利なのが、COUNTA関数です。COUNTA関数は、指定した範囲内で、空白セル以外のセルをカウントします。

I2セルに「=COUNTA(A:A)-1」と入力

　COUNTA関数を使うときによくあるのが、下表のように、引数を行・列単位ではなく、セル範囲で指定する方法。これでは、データの増減があるたびに範囲を指定し直す必要があり、非効率です。関数の範囲は、できるだけ列ごと、あるいは行ごと指定し、必要に応じて調整値を入力しましょう。

よく似た関数にCOUNT関数がありますが、これは数値しか数えられません。両方を使い分ける必要はなく、「データ件数を数えるにはCOUNTA関数」と覚えておけば十分です。

061

項目別件数カウントのスピードアップ関数〜COUNTIF関数

「イベントの出欠リストから、出席者の数を数えたい」。そんなときに目視で数えたりオートフィルタをかけたりして、時間をムダにしていませんか？ COUNTIF関数を使えば、出席者の数を随時、自動算出してくれます。

COUNTIF関数は、第一引数に「数えたい範囲」を置き、第二引数に「数える条件」を入力します。E1セルに入力する関数を文字化すると、「B列にはD1セルと同じ値（「出」）が何個ある?」の意になります。

E1セルに「=COUNTIF(B:B,D1)」と入力し、E3セルまでドラッグコピー

	A	B	C	D	E
1	参加者名	出欠		出	7
2	吉田	出		欠	6
3	佐藤	出		未	3
4	山岡	未			
5	田中	欠			
6	鈴木	出			
7	加藤	欠			
8	石井	出			
9	斉藤	出			
10	渡辺	出			
11	高橋	未			
12	飯田	未			
13	伊藤	欠			
14	山本	欠			
15	中山	欠			
16	小林	欠			
17	清水	出			

SUMIF関数で担当者別の売上を出した表に、今度は担当者別の売上件数を入れてみると、

1. I2セルに「=COUNTIF(A:A,G2)」と入力

2. I6セルまでドラッグコピーして、I7セルに合計を出す
3. J2セルに「=H2/I2」と入力し、J7セルまでドラッグコピー

ここでは、1件ごとの平均売上金額として、平均値を出しました。しかし、ビジネスの場で安易にAVERAGE関数などを用いて平均値を出しているのでしたら危険です。なぜなら、「平均値は嘘をつく」からです。たとえば、平均年収600万円という会社があったとして、その内訳は、1億円プレーヤーが数人と年収200万円の社員で構成されていて、実際に年収600万円の人は1人もいないことが起こり得るからです。惰性で平均値を出すのは避けたほうがよいでしょう。

062

条件付き集計のスピードアップ関数 ～SUMIF関数

　分析の基本「分けて比べる」に必須なのが、SUMIF関数。条件に一致している数値の合計を出します。SUMIF関数には3つの引数があります。
・第一引数:集計の基準となる範囲
・第二引数:検索条件
・第三引数:合計したい範囲

担当者別の売上を集計したいときは、

H2セルに「=SUMIF(A:A,G2,D:D)」と入力し、H6セルまでドラッグコピー

	A	B	C	D	E	F	G	H	I
1	担当者	商品コード	数量	売上計	前年実績		担当者名	売上計	構成比
2	吉田	A002	7	9800	9800		吉田	64280	
3	佐藤	A002	6	8400	8400		佐藤	84800	
4	山岡	C002	6	120	144		山岡	60520	
5	田中	B001	5	13000	14300		田中	175000	
6	田中	A001	11	22000	19000		鈴木	18000	
7	吉田	A002	8	11200	11200		合計		
8	佐藤	A002	18	25200	25200				
9	山岡	C002	20	400	360				
10	田中	A002	17	23800	23800				
11	田中	C001	9	27000	24300				
12	吉田	C002	14	280	252				
13	佐藤	B002	16	3200	3520				
14	佐藤	C001	16	48000	43200				
15	田中	A002	8	11200	11200				
16	鈴木	C001	6	18000	16200				
17	吉田	B002	20	4000	4000				

　少し複雑ですが、表のH2セルの関数を文字化すると、「合計したいのはD列。でも全部は合計しません。A列がG2セルの値（吉田）と等しい時だけ合計します」となります。
　SUMIF関数を繰り返し使ううち、自然と要領を覚えられます。関数を使いこなすコツは文字化することです。

数字を分けて集計したら、次は構成比を出して比べます。構成比の公式は「部分/全体」。全体を示す分母のセルには絶対参照を付けるのを忘れずに。

1. H7セルに「=SUM(H2:H6)」と入力
2. I2セルに「=H2/$H$7」と入力し、I7セルまでドラッグコピー

条件付き集計を行う際、以下のように、第二引数を文字列として直接入力していませんか？　これでももちろん集計はできますが、1行ごとに式を打ち直す必要があり、時間のロスに。「=SUMIF(A:A,G2,D:D)」のように第二引数をセル参照にすれば、1回でドラッグコピーでき、作業時間が格段に短くなります。元表と集計表の表記を一致させておくことも時短ポイントです。

063

SUMIF関数で集計条件が複数ある場合どうするか

担当者ごとの集計はSUMIF関数で行いましたが、担当者・商品別の集計を行うにはどうすればよいでしょうか？ SUMIF関数は、条件となる列を1列だけ見るのが特徴。ゆえに追加条件となる列を1列で作り、付け足せばよいのです。これらは俗に「作業列」や「計算セル」といわれます。「必要なデータは作る」。この発想ができると、Excel仕事はとてもラクに、そして快適になります。

集計するための作業列を作ります。

・SUMIF関数を使う

1. G列に担当者と商品コードをつないだ作業列を作る

G2セルに「=B2&C2」と入力し、データ最下端行までドラッグコピー

2. J2セルに「=SUMIF($G:$G,$I2&J$1,$E:$E)」と入力

第二引数の担当者名には列のみ、商品コードには行のみ絶対参照を付けるのがポイント

3. 式をO6セルまでコピーする

3

こんなこともできる！ 関数の速技

　作業列は、基本的に表の右側に追加していくこと。毎週・毎月のように同様の集計作業が発生するのであれば、図の表の場合、元データをA～F列に貼り付けるだけで作業が完了します。事前に運用方法を考えながら表を作ることで、ルーティンワークが1分もかからずに終えられるようになります。

　Ver.2007以降使えるようになったSUMIFS関数を使えば、作業列を作らずに集計することも可能です。SUMIFS関数の書式は以下の通りです。

第一引数　合計したい範囲
第二引数　条件となる範囲1
第三引数　条件1
第四引数　条件となる範囲2
第五引数　条件2　………

・SUMIFS関数を使う
J2セルに「=SUMIFS($E:$E,$B:$B,$I2,$C:C,J1)」と入力し、式をO6セルまでコピー

	A	B	C	D	E	F	G	H	I	J	K	L	M	N	O	P
1	日付	担当者	商品コード	数量	売上計	前年実績				A001	A002	B001	B002	C001	C002	合計
2	2015/4/1	吉田	A002	7	9800	9800			吉田	0	56000	0	4000	39000	280	
3	2015/4/2	佐藤	A002	6	8400	8400			佐藤	0	33600	41600	3200	63000	0	
4	2015/4/3	山岡	C002	6	120	144			山岡	0	0	13000	4000	87000	920	
5	2015/4/4	田中	B001	5	13000	14300			田中	22000	35000	52000	0	66000	0	
6	2015/4/5	吉田	A001	11	22000	19000			鈴木	0	0	0	0	18000	240	
7	2015/4/6	吉田	A002	8	11200	11200			合計							
8	2015/4/7	佐藤	A002	18	25200	25200			構成比							
9	2015/4/8	山岡	C002	20	400	360										
10	2015/4/9	田中	A002	17	23800	23800										
11	2015/4/10	吉田	C001	9	27000	24300										
12	2015/4/11	吉田	C002	14	280	252										
13	2015/4/12	佐藤	B002	16	3200	3520										
14	2015/4/13	佐藤	C001	16	48000	43200										

　SUMIFS関数では、最大127組まで条件を指定することができますが、集計条件が増えれば増えるほど、引数も増えてわかりづらくなるので、あまりおすすめしません。同様にSUMPRODUCT関数を用いた集計も可能ですが、非常に難解です。
　難解な表は、メンテナンスがしづらく仕事の引継ぎに支障をきたすことがあります。チームのスキルレベルを考え、適切な関数を選定することが大切です。

137

064

データ入力のスピードアップ関数 ～VLOOKUP関数

　請求書や見積書を作る際、商品名や単価の確認に時間がかかっていませんか？　商品コードを入力するだけで商品名と単価が表示される仕組みがあれば、入力の手間が省け、ミスも防ぐことができます。VLOOKUP関数を活用しましょう。VLOOKUP関数には4つの引数があります。

　第一引数:検索値（最終的に入力したい値をとってくるための手掛かりとなるセル）

　第二引数:検索範囲（一番左の列で検索値を探す範囲。マスタ範囲）

　第三引数:第二引数で指定した範囲の一番左のセルから、何列目の値を入力するか

　第四引数:基本的に0を入力（FALSEと同意）

1. D2セルに「=VLOOKUP($C2,$G:$I,2,0)」と入力

2. E2セルにドラッグコピーし、第三引数を「3」に打ち換える

右方向にも下方向にもドラッグコピーすることを考慮し、第一引数は列のみ絶対参照、第二引数には絶対参照を付けています。第四引数は、完全一致を表す0（FALSE）を入力します。誤って省略してしまうと、1（TRUE）となり望んだ結果とは違うものが出てしまう場合がありますので注意してください。

　VLOOKUP関数は、Verticalつまり縦方向にデータを探します。マスタ表が縦に項目を取っている場合は、HLOOKUP関数が使用できます（Hは Horizontal（水平）から来ています）。しかし、このようなマスタは決して使い勝手がよいとはいえません。このようなマスタに出合った場合は、表を作り直すことを検討してもよいでしょう（「047　表の縦横を一瞬で入れ替える」を参照）。

　VLOOKUP関数を用いたデータを見ると、第三引数を図のようにセル範囲で指定していることが多くあります。

　範囲指定　　=VLOOKUP($C2,$G$3:$I$8,2,0)

　しかし、マスタの項目は増減する可能性があり、そのたびに式を修正し、範囲を指定し直すのは非効率です。列ごとに指定したほうが、見た目にもすっきりします。

　列ごと指定　　=VLOOKUP($C2,$G:$I,2,0)

をおすすめします。

065

検索値に数字を指定するVLOOKUP関数でよくあるエラーの対処法

　関数を入れた表とマスタに同じ数字を入力してあるのに、VLOOKUP関数がうまく作動せず、エラーが出ることがあります。特にCSVなどでダウンロードしたデータや、JANコードなどを使用する際にしばしば起こります。

　これは、どちらかの値が「数値」ではなく「文字列」になっているのが原因です。文字列のセルをダブルクリック、もしくは［F2］で編集状態にすると数値に変換されますが、そんな時間の余裕はもちろんありません。関数を使って一瞬で解決しましょう。

　下表では、C列の商品コードが文字列となっているためエラーが出ています。

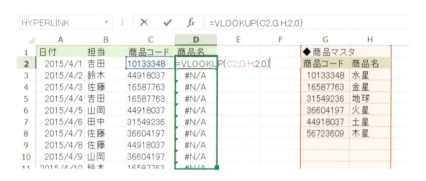

1. E列に作業列を作り、E2セルに「=VALUE(C2)」と入力
2. D2セルのVLOOKUP関数の第一引数をC2からE2に変更し、D2:E2を選択し、2列まとめて最下端行までドラッグコピー

空白セルを1つ選んで［Ctrl］＋［C］でコピーし、「形式を選択して貼り付け」で「加算」をすると、作業列を作らずに文字列を数値化することができます。

　また、図とは逆にマスタが「文字列」、表が数値になっている場合はTEXT関数で変換ができます。

　E2セルに「=TEXT(C2,"@")」と入力します。

066

判定の条件を複数設定する ～IF関数の応用

　たとえば「担当者が吉田でかつ売上が5000円以上あれば、判定欄にAと入力する」など、判定の条件が複数あるときにはAND関数とOR関数を使います。AND関数とOR関数を使いこなせば、IF関数との組み合わせのほか、条件付き書式などでも事前に条件設定ができ、作業効率が上がります。

　F列には「担当が吉田でかつ売上が5000円以上あれば」→「A」を、G列には「担当が佐藤であるか、または売上が3000円以上あれば」→「B」を入力したい場合、

1. F2セルに「=IF(AND(B2="吉田",E2>5000),"A","")」と入力

	A	B	C	D	E	F	G
1	日付	担当者	商品コード	数量	売上計	条件1	条件2
2	2015/4/1	吉田	A002	7	9800	A	
3	2015/4/2	佐藤	A002	6	8400		
4	2015/4/3	山岡	C002	6	120		
5	2015/4/4	田中	B001	5	13000		
6	2015/4/5	田中	A001	11	22000		
7	2015/4/6	吉田	A002	8	11200		
8	2015/4/7	佐藤	A002	18	25200		

2. G2セルに「=IF(OR(B2="佐藤",E2>3000),"B","")」と入力

	A	B	C	D	E	F	G
1	日付	担当者	商品コード	数量	売上計	条件1	条件2
2	2015/4/1	吉田	A002	7	9800	A	B
3	2015/4/2	佐藤	A002	6	8400		
4	2015/4/3	山岡	C002	6	120		
5	2015/4/4	田中	B001	5	13000		
6	2015/4/5	田中	A001	11	22000		
7	2015/4/6	吉田	A002	8	11200		
8	2015/4/7	佐藤	A002	18	25200		

3. F2:G2セルを選択し、データ最下端行までドラッグコピー

| | F2 | | : | × | ✓ | *fx* | =IF(AND(B2="吉田",E2>5000),"A","") |

	A	B	C	D	E	F	G	H
1	日付	担当者	商品コード	数量	売上計	条件1	条件2	
2	2015/4/1	吉田	A002	7	9800	A	B	
3	2015/4/2	佐藤	A002	6	8400		B	
4	2015/4/3	山岡	C002	6	120			
5	2015/4/4	田中	B001	5	13000		B	
6	2015/4/5	田中	A001	11	22000		B	
7	2015/4/6	吉田	A002	8	11200	A	B	
8	2015/4/7	佐藤	A002	18	25200		B	
9	2015/4/8	山岡	C002	20	400			
10	2015/4/9	田中	A002	17	23800		B	
11	2015/4/10	田中	C001	9	27000		B	
12	2015/4/11	吉田	C002	14	280			
13	2015/4/12	佐藤	B002	16	3200		B	
14	2015/4/13	佐藤	C001	16	48000		B	
15	2015/4/14	田中	A002	8	11200		B	
16	2015/4/15	鈴木	C001	6	18000		B	
17	2015/4/16	吉田	B002	20	4000		B	
18	2015/4/17	吉田	C001	13	39000	A	B	

　意外と多いのが、AND関数とOR関数を逆に使ってしまうパターンです。AND関数はすべての条件が成立すればTRUE、OR関数は1つでも条件が成立すればTRUEとなります。

　関数式を書く前に、設定したい条件を言語化して理解することが間違いを防ぎます。

067

安全に重複データを削除する
～COUNTIF関数の応用1

リストなどを管理する上で、データの重複はきれいにしておかねばなりません。Ver.2007以降のExcelには「重複の削除」という機能が追加されましたが、これを使うのは避けましょう。実際、ある企業でこの機能を使ったところ、データ内でバグが発生し、無関係なデータまで消えてしまいました。安全な重複削除の方法の一つが、COUNTIF関数です。

通常のCOUNTIF関数の使い方では、

1. B2セルに「=COUNTIF(A:A,A2)」と入力する

2. データ最下端行までドラッグコピーする

A2セルの「A-194」は3件重複していることがわかりますが、重複を削除するためには、3件のうち2件を消し込むという作業をしなければなりません。しかし、この作業は一括ではできないのです。

COUNTIF関数を少し工夫すると、該当データが何番目に出現したかをカウントし、一気に重複削除が可能になります。

1. B2セルに「=COUNTIF($A$2:A2,A2)」と入力する

	A	B	C	D	E
	ID	担当者重複チェック			
1					
2	A-194	=COUNTIF($A$2:A2,A2)			
3	A-160				
4	A-182				
5	A-142				
6	A-165				
7	A-177				
8	A-155				
9	A-128				
10	A-194				
11	A-184				
12	A-122				
13	A-100				
14	A-172				
15	A-154				
16	A-130				
17	A-185				

2. データ最下端行までドラッグコピーする
3. オートフィルタで「2」以上の数を抽出、対象セルを削除する

	A	B
1	ID	担当者重複チェック
10	A-194	2
20	A-194	3
22	A-182	2
29	A-189	2
32		

ポイントは、第一引数のセル範囲を指定するとき、始点にのみ絶対参照を付けること。下方向に数式をドラッグコピーすると、B3セルでは「=COUNTIF($A$2:A3,A3)」、B4セルでは「=COUNTIF($A$2:A4,A4)」と検索範囲が常に上のデータを見て広がっていくイメージ。そのため、該当データが2番目以降に登場した箇所がわかり、一括で削除できます。

068

特定の文字を含むデータだけ抽出する 〜COUNTIF関数の応用2

たとえば顧客のメールリストから、携帯メールだけを抽出して配信リストを作るにはどうすればよいでしょう? 初めからリストを分けて作っておくのがベストですが、混在したリストを渡された場合には、COUNTIF関数を応用して素早く解決します。

日本の携帯電話のドメイン名は限られるため、メールアドレスに特定の文字(ドメイン名)が含まれるかどうかで判定します。

仮にドメイン名3つを1行目に設定すると、

B2セルには「=COUNTIF($A2,"*"&B$1)」と入力する

	A	B	C	D
1		@docomo.ne.jp	@softbank.ne.jp	@au.ne.jp
2	xxxxxx@gmail.com	0	0	0
3	aaa@bbbb.jp	0	0	0
4	xxxx@softbank.ne.jp	0	1	0
5	xxxx@docomo.ne.jp	1	0	0
6	aaaaa@gmall.com	0	0	0
7	xxxxx@abcdefg.net	0	0	0
8	xxx@docomo.ne.jp	1	0	0
9	12345@au.ne.jp	0	0	1

第一引数の検索する範囲には、A列のセルを単体で指定し、列のみ絶対参照を付けます。第二引数の検索条件には、ワイルドカードである「*」とドメイン名のB1セルを&でつなぎ、B1セルは行のみ絶対参照を付けます。これで式を縦横に展開できます。B列〜D列のどれかが1、もしくは3つの列の和が1以上ならそのアドレスは携帯電話であると判定します。

もちろん1つのセルで行うことも可能ですが、見た目のわかりやすさ、判定したいドメイン名を足したいときのメンテナンスのしやすさを重視し、複数の作業列を作ります。

069

範囲を自由に変えて集計する ～OFFSET関数

　仕事でぜひ使いこなしたい必須関数の1つがOFFSET関数です。OFF：「離れる」とSET：「定める」で、つまり「ずらす」関数とイメージしてください。OFFSET関数には2つの大きな用途があり、1つは文字通りずらした先のセルを参照すること、もう1つはずらした先のセルを起点としたセル範囲を指定できることです。知っておくと強い味方になります。

　OFFSET関数の書式は、以下の通りです。

　第一引数：基準セル
　第二引数：ずらす行数
　第三引数：ずらす列数
　第四引数：範囲の高さ
　第五引数：範囲の幅

　※第四・第五引数を省略すると、基準セルに指定した範囲の大きさになります。

　料金表をもとに該当するコースの料金を出したいときは、

1. C8セルに「=OFFSET(A1,A8,B8)」と入力すると、「A1セルの1行下・3列右」のD2セルの値が入る

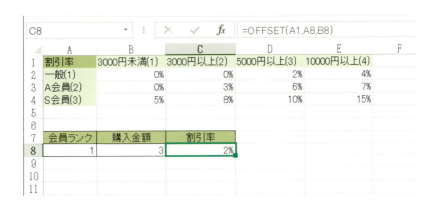

指定した日数の来場者数を集計したい（F2セルにD2セルで指定した日数までの来場者数計を出す）ときは、

1. F2セルに「=SUM(OFFSET(B1,1,0,D2,1))」と入力する

2. F2セルに「B1セルの1行下、0列右であるB2セルを起点に高さ3行、幅1列分の範囲（つまりB2:B4）の合計」である数字が入力される

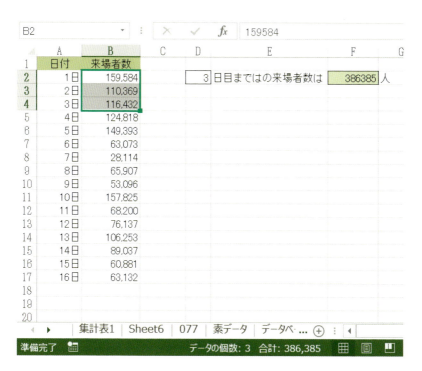

この表ではD2セルの値を変更することで、SUM関数の合計範囲が拡大・縮小していきます。

　D2セルの値を5にする→　B2:B6
　D2セルの値を10にする→　B2:B11

070

大量データから特定セルの位置を調べる〜MATCH関数

　MATCH関数を使って、調べたいセルがどこの位置にあるかを検索することができます。MATCH関数の書式は以下の通りです。

MATCH（検査値,検査範囲,検索の型）
検査値：検索したい値、もしくはその値が入ったセル番地
検査範囲：検索をする1行もしくは1列のセル範囲
検索の型：まずは0と入力

※検索の型は、1、0、-1の数値のいずれかを指定します（省略すると1）。
　1：検査値以下の最大の値を検索
　0：検査値に一致する値のみが検索の対象
　-1：検査値以上の最小の値を検索

　MATCH関数は単一の行方向、もしくは列方向でのみ指定できます。第三引数の検索方法は、まずほとんどの場合は「0」と入力すると覚えておいて構いません。省略すると「1」とみなされてしまい、結果が異なってしまうことがあるので注意が必要です。
　A2セルの検索値がB2:B14の範囲の中で、どの位置（上から何番目）にあるかをD2セルに出す場合、

1. D2セルに「=MATCH(A2,B2:B14,0)」と入力する。「吉田」は検索範囲の1番上にあるので、「1」と入力される

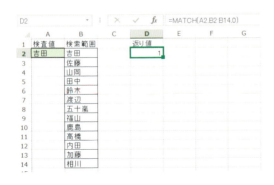

2. A2セルを「田中」に変えると、D2セルの値が「4」に変わる

	A	B	C	D	E	F	G
1	検査値	検索範囲		返り値			
2	田中	吉田		4			
3		佐藤					
4		山岡					
5		田中					
6		鈴木					
7		渡辺					
8		五十嵐					
9		福山					
10		鹿島					
11		高橋					
12		内田					
13		加藤					
14		相川					
15							

D2　=MATCH(A2,B2:B14,0)

　また、MATCH関数はVLOOKUP関数やOFFSET関数などと組み合わせることで、実際の仕事のシーンで幅広く活躍するので、マスターしておくと役立ちます（「072　検索列左側の値をVLOOKUPする〜 MATCH関数・OFFSET関数の応用」を参照）。

071

VLOOKUP関数を横方向に
大量に入力するラクな方法

　VLOOKUP関数を使ってマスタから値を取得するのに、取得したい項目がたくさんある場合、どうしたらいいのでしょう？　1件2件なら第三引数を直接入力、修正すればよいですが、何十件とある場合は以下の方法で効率化しましょう。

・セルに隠し文字を入力しておく

　直接入力するのではなく、必要な数字をセルに入力し、そのセルを参照すればドラッグコピーしても自動的に必要な数字を取得してくれます。

B3セルに「=VLOOKUP($A3,$H:M,B1,0)」と入力

　第三引数に指定しているB1セルは、行のみ絶対参照を付けます。余計な数字を見せたくないのであれば、1行目を非表示にする、文字の色を白に指定するなどすると、見た目の問題も解決できます。

・COLUMN関数を組み込む

　第三引数に関数を組み込むのも解決策の一つです。自動的に列番号を取得するCOLUMN関数を組み込み、右にドラッグコピーすることで、1ずつ増える数値を作ることができます。

B2セルに「=VLOOKUP($A2,$H:$M,COLUMN( ),0)」と入力

今回、たまたまB2セルの列番号2と第三引数に入れたい値が一致しましたが、ずれがある場合は調整値を加えて、数値を一致させましょう。

・MATCH関数を組み込む

入力したい表の項目とマスタの表の項目が一致していれば、COLUMN関数で対応できました。しかし顧客マスタから、テレアポリストを作るのに氏名・電話番号・購入履歴など必要な項目だけを入力したいときや、入力したい項目の順番が違うときなど、第三引数に入れたい値が1ずつ増えていくのではない場合には使えません。ここではMATCH関数を使い、入力したい項目名がマスタの元表の中で何番目にあるのかを取得し、第三引数に組み込みます。

B2セルに「=VLOOKUP($A2,$H:$M,MATCH(B$1,$H$2:$M$2,0),0)」と入力

MATCH関数の第一引数は行のみ絶対参照です。式の最後にMATCH関数の第三引数とVLOOKUP関数の第四引数の0が2つ入っています。入力を間違えやすいので注意しましょう。

また、この場合は必ずマスタと表の項目名を一致させる必要があるので注意が必要です。

153

072

検索列左側の値をVLOOKUPする
～MATCH関数・OFFSET関数の応用

「VLOOKUP関数を使って、検索列より左側の値を持ってくるには?」。非常に多い質問の1つです。VLOOKUP関数にOFFSET関数とMATCH関数を組み合わせると可能になります。

1. F2セルに「=VLOOKUP(E2,B:C,2)」と入力する

2. G2セルに「=OFFSET(B1,MATCH(E2,B:B,0)-1,-1)」と入力する

MATCH関数（E2,B:B,0）は、第一引数の検査値（E2セルの値）が第二引数の範囲（B列）で何番目にあるかという式で、答えは2。
OFFSET関数の書式に当てはめると、
第一引数：基準となるセル（この式ではB1）
第二引数：基準セルから下にずらす行数（MATCH関数の答え2に調整値-1）
第三引数：基準セルから右にずらす列数（-1）
つまり、B1セルから下に1行、右に-1行（左に1行）ずらしたセル＝A2セルです。

エラー値を非表示にする
〜IFERROR関数

　ルーティンワークの作業時間を短縮するには、関数を使って自動化できる仕組みが不可欠です。ただ、関数によっては空白のセルがあると無条件にエラー値が表示されるものも。エラー値の数式をいちいち削除するのではなく、エラー値を表示しないよう設定を変えるほうが効率的。

　下表は、例として商品コードから商品名をVLOOKUP関数で表示したものです。商品コードが空欄の部分やマスタに商品コードがない部分にエラー値が出ています。

1. D2セルの「=」と「V」の間にカーソルを合わせて、「i」と入力する。[↓]を押して関数の候補からIFERRORを選択し、[Tab]で確定
2. 数式の一番後ろにカーソルを合わせて「,""）」を入力し、Enterで確定。最下端行までドラッグコピー

※IFERROR関数はVer.2007以降で有効な関数です。

074

データをランダムに抽出する ～RANDBETWEEN関数

　検算をするときなどに、大量のデータからランダムに数件のデータを選ぶことがあります。「無作為に」というのは意外と難しいもので、データ抽出に思わぬ時間がかかることも。乱数を発生させる関数、RANDBETWEEN関数を使えば、素早く簡単にデータ抽出が可能です。

　アルファベット26文字の中からランダムに5件選びたい場合、

1. B2セルに「=RANDBETWEEN(1,26)」と入力
2. データ最下端行までドラッグコピー

	A	B
1	文字	乱数
2	A	18
3	B	16
4	C	19
5	D	20
6	E	22
7	F	18
8	G	23
9	H	10
10	I	24
11	J	6
12	K	15
13	L	20
14	M	15
15	N	23
16	O	2
17	P	25

3. 並べ替えを行い、上位5件を抽出する

　RANDBETWEEN関数は「揮発関数」といい、シートに変更が加えられるたびに自動で再計算がなされます。自動的に日付を出してくれるTODAY関数もこの揮発関数の一種。一度出した数値をそのまま残したい場合は、値貼り付けを行う必要があります。

強固なパスワードを一気に設定する
〜INDIRECT関数

　英数字（大文字・小文字）を含むパスワードを設定するとき、乱数を発生させるRANDBETWEEN関数、セル番地の文字列を使用してセルを参照するINDIRECT関数を組み合わせれば、パスワードが何桁でも何個でも一瞬で設定できます。

　8桁のランダムなパスワードを作成したい場合（使用する文字は、A〜Z、a〜zおよび0〜9の62文字）、

1. A列に使用可能文字のリストを作る
2. D2セルに「=INDIRECT("A"&RANDBETWEEN(2,COUNTA($A:$A)))」と入力し、K2セルまでドラッグコピー（A2〜A63セルのどれかがランダムに選ばれる）

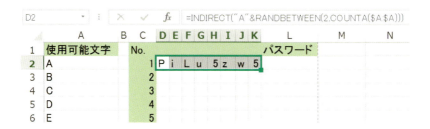

3. L2セルに「=CONCATENATE(D2,E2,F2,G2,H2,I2,J2,K2)」と入力。D2:L2セルを選択し、必要な数だけ下方向にドラッグコピー

　RANDBETWEEN関数は、シートのどこかを編集するたびにランダムな数字を取り直します。パスワードとして運用する前に必ず、値貼り付けで式を抜いておきましょう。

　この事例は、あるIT企業から「毎週数十個のパスワードを生成する作業に時間がかかっている」という要望があり、作成したものです。入力する式が少し複雑なため、サンプルファイルでは完成品として式が入っているものを用意しました。乱数を発生させるRANDBETWEEN関数（074）の活用事例です。自信のある方は、ぜひ式の日本語訳に挑戦してみてください。

連番を崩さず作業する
～ROW関数・COLUMN関数

セルに直接1、2…と数字を入力した場合、データの入れ替えや削除を行うと連番は崩れます。そのたびに数字を直すのは面倒なこと。たとえば「ランキング」など崩したくない連番を付けるときは、セルの行番号、もしくは列番号を自動的に取得するROW関数、COLUMN関数を使えば便利です。

【A2セルから、縦方向に連番を作る場合】
A2セルに「=ROW( )-1」と入力して、ドラッグコピー

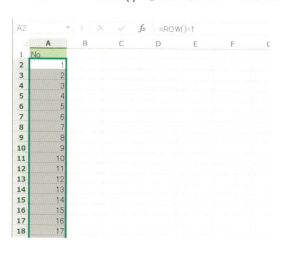

【B1セルから、横方向に連番を作る場合】
B1セルに「=COLUMN( )-1」と入力して、ドラッグコピー

ROW関数、COLUMN関数は、それぞれ（ ）内に指定したセルの行番号、列番号を返します。（ ）内を省略すると、式を入力したセルを対象にします。あとは、必要に応じて調整値（上記の場合はどちらも-1）を加えればよいのです。

077

小数点以下を切り捨てる ～INT関数

　数字を丸める関数は、ROUND関数（四捨五入）、ROUNDUP関数（切り上げ）、ROUNDDOWN関数（切り捨て）がありますが、いずれも切り上げ（捨て）する桁数がわかりづらいのが難点。

　消費税の計算など、「とにかく小数点以下で切り捨てしたい」ときの強い味方がINT関数です。

E5セルに「=INT(PRODUCT(B5,C5,D5))」と入力する

	A	B	C	D	E	F
1	商品名	単価	個数	税率	税込金額	
2	A	2980	1	1.08	3218.4	
3						
4	商品名	単価	個数	税率	税込金額	
5	A	2980	1	1.08	3218	

　E2セルには単価、個数、税率をかけた数字が入っています。この数式をINT関数で囲んだものがE5セルです。

　また、業務によってROUND関数、ROUNDUP関数、ROUNDDOWN関数を使用する場合、とりあえず「整数にしたいときは第二引数を0にする」と覚えておくとよいでしょう。そこから1つ下の桁に行くたびに第二引数が1ずつ増え、上の桁に行くたびに1ずつ減ります。イメージと逆の動きをします。

	A	B	C	D	E	F
1			第二引数			
2	処理	数値	0	1	-1	
3	四捨五入	1234.56	1235	1234.6	1230	
4	切り上げ	1234.56	1235	1234.6	1240	
5	切り捨て	1234.56	1234	1234.5	1230	

　グレーのセルにはそれぞれ関数が入っています。

アルファベットを連続入力する
～CHAR関数・ADDRESS関数

　Excelにはドラッグコピーで連番を作成する機能があり、「月」と打ってドラッグコピーすると曜日として入力されますが、意外なことに「A」「B」とアルファベットを入力してドラッグコピーしても連続入力になりません。解決策は2つあります。

・CHAR関数を使用する

　CHAR関数は、引数に指定した文字コードに該当する文字を返します。「A」の文字コードは65。縦方向の場合はROW関数、横方向の場合はCOLUMN関数を組み合わせます。

「=CHAR(ROW( )+63)」と入力

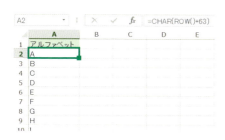

※A2セルの場合、行番号2に調整値63を加えます。

・ADDRESS関数を使用する

　Excelを使っていると自然と目に入るA、B、C…、セルの列記号です。これをADDRESS関数で抽出します。この場合、セル記号と同じようにZの次はAA、ABと続いていきます。

「=SUBSTITUTE(ADDRESS(1,ROW( )-1,4),1,"")」と入力

※A2セルの場合、行番号2から調整値1を引きます。

079

セル内の文字数を管理する
〜LEN関数

　Excelを使ったアンケートや申請書などで、入力文字数に制限を設けたい場合があります。その際にあらかじめ関数を使ってセルに入力された文字数を表示させておくようにすれば、一目で文字数が確認できるため、入力する人・集計する人双方にとって確認の時間が短縮されて便利です。条件付き書式と組み合わせるとさらにわかりやすくなります。

　文字数を出すにはLEN関数（Length:長さの略）を使用します。「=LEN（文字の長さを出したいセル番地）」と入力するだけの簡単操作。文字列操作では使用頻度の高い関数です。

1. B2セルに「=LEN(A2)」と入力する

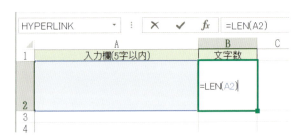

2. A2セルを選択し、「ホーム」タブ→「条件付き書式」→「新しい書式ルール」→「数式を使用して…」をクリック。「次の数式を…」のボックスに「=LEN($A$2)>5」と入力、書式を設定し、「OK」をクリック

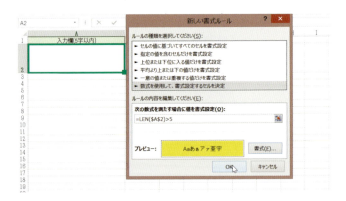

3. 入力欄のA2セルに「株式会社すごい改善」と入力すると、その文字数がB2セルに表示され、条件付き書式により、A2セルに色がつく

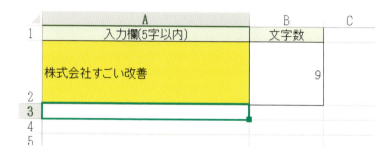

　LEN関数は、ほかの関数と組み合わせて、文字列の抽出(「083　セル内の氏と名を分割する〜FIND関数」を参照)などにも活用できます。空白や改行コードも1文字として数えることを覚えておきましょう。

080

全角半角入り混じったデータを一瞬で整える～ASC関数

「090-1234-5678」と「09012345678」。コンピュータは、2件のデータを同一とはみなしません。このように電話番号やメールアドレスが全角・半角入り混じっているデータは、見た目が悪いだけでなく、データ分析の妨げになります。

データを1件ずつチェックして、手入力で修正するのは時間の無駄。ASC関数をはじめとする「文字列操作関数」で一気に変換しましょう。

全角のデータを半角に打ち換えるには、

1. B1セルに「=ASC(A1)」と入力
2. データ最終行までドラッグコピー

変換系の文字列操作関数には、以下の関数もあります。

JIS関数：半角文字を全角に変換する
UPPER関数：小文字を大文字に変換する
LOWER関数：大文字を小文字に変換する
PROPER関数：単語の先頭の文字だけを大文字にする

会社名の表記など、英数字・カタカナ・漢字の混じったデータの見た目を整えたいという要望もよくあります。たとえば英数字は半角に、カタカナは全角にしたいとき、ASC関数を適用するとカタカナも半角になってしまいます。
　こういう場合、作業列を作成し、複数の関数を組み合わせて対応します。

1. B1セルに「=ASC(A1)」と入力する

2. B1セルをコピーし、値を貼りつける
3. C1セルに「=PHONETIC(B1)」と入力する

※ただし、ここで整えたデータ（C1セルの値）は、漢字の部分にフリガナを持たないデータとなります。そのためC列を基準に並び替えをしたいときは正常に動かないことがあるのでご注意ください。（「037　データを売上順、得点順に素早く並べ替える」を参照）
　また、このテクニックでは、ひらがながカタカナになってしまいます。

081

複数のセルの文字列をつなげる
〜CONCATENATE関数

　文字列をつなぐのは［&］で簡単にできますが、つなぎたい文字列の数が多い場合、［&］キーを何回も入力するのは非効率。

　［+］を何度も打たなくても足し算ができるSUM関数があるように、［&］を何度も打たずにラクに文字列結合できる関数があります。CONCATENATE関数です。時間短縮にはぜひ覚えておきたい関数です。

　集計のための作業列K列に、F,G,H,J列の値をつなぎたい場合、

1. K2セルに「=con」と入力

2. ［Tab］を1回押し、「=CONCATENATE(」まで補完入力する

3. ［Ctrl］を押しながら、F2セル、G2セル、H2セル、J2セルを順番にクリックする（引数の区切りの「,」をいちいち入力する手間が省ける）

4. 「）」を入力し、データ最下端行までドラッグコピーする

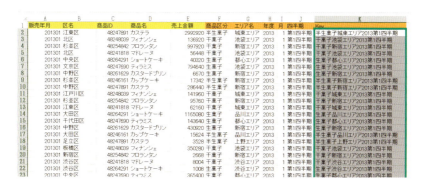

082

日付などセル内の文字を分割する
～LEFT関数・MID関数・RIGHT関数

　日付を「20120619」のように8桁データで管理しているデータから、それぞれ年別・月別・日別の集計を行う場合、まず8桁データから年・月・日のデータを取り出す必要があります。このような作業も文字列操作関数を使えば簡単にデータを抽出することが可能です。LEFT関数（文字列の左から文字を抽出する）、MID関数（途中から）、RIGHT関数（右から）の3種類の関数があります。

【LEFT関数とRIGHT関数の書式】
第一引数：抽出元の文字列
第二引数：抽出したい文字数

【MID関数の書式】
第一引数：抽出元の文字列
第二引数：抽出開始位置（左から数えて）
第三引数：抽出したい文字数

1. B2セルに「=LEFT(A2,4)」と入力

2. C2セルに「=MID(A2,5,2)」と入力

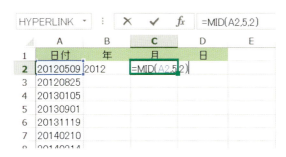

3. D2セルに「=RIGHT(A2,2)」と入力

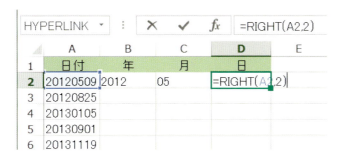

4. B2:D2のセル範囲を選択し、ダブルクリックでオートフィル

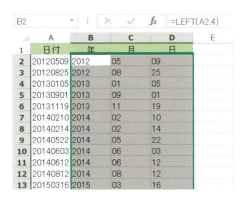

083

セル内の氏と名を分割する ～FIND関数

　1つのセル内に入力された氏名を分割する業務が発生することは少なくありません。氏と名がスペースで区切られているなど一定の区切り文字があれば、FIND関数を使って簡単に分割できます。ただし、フォーマットを作る時点であらかじめ入力欄を細かく分けておくほうが活用しやすいデータになります。

【FIND関数の書式】
第一引数：検索したい文字
第二引数：検索先のセル番地
返り値：セル内で検索したい文字を左から数えた文字数

1. B2セルに「=LEFT(A2,FIND(" ",A2)-1)」と入力

2. C2セルに「=RIGHT(A2,LEN(A2)-FIND(" ",A2))」と入力

3. B2:C2のセル範囲を選択し、データ最下端行までドラッグコピー

セル内の住所を分割する
～IF関数・LEFT関数の応用

住所が1つのセルに入力されているデータから、都道府県のみを抜き出すにはどうすればよいでしょう？ ポイントは、

1) 日本の都道府県名は漢字3文字か4文字である。
2) 4文字は神奈川県、和歌山県、鹿児島県の3県のみである。

文字列の4文字目が「県」であれば頭の4文字を、そうでなければ3文字を抽出するよう設定します。

B2セルに「=IF(MID(A2,4,1)="県",LEFT(A2,4),LEFT(A2,3))」と入力する

仮に、正しく都道府県名が入っていないデータが含まれている場合、残念ながら有効な方法はありません（市区町村名には他県で同じ名前のものがあります）。それでも、膨大なデータの大半を関数で処理し、残りを手作業で補完するだけでも大幅に作業時間が短縮されます。こうした作業が発生しないよう、あらかじめ都道府県名を分けて項目を作っておくのが最善の方法です。

セル内の特定文字をカウントする ～SUBSTITUTE関数

　URLのリストから、「/」（スラッシュ）の数を数えたいとします。セルに特定の文字が含まれているかどうかの判定はCOUNTIF関数、セルの文字数を数えるのはLEN関数で対応できますが、これらの関数ではセル内の特定の文字だけを数えることはできません。

　そこで文字列を置換するSUBSTITUTE関数を使い、「/」を空白に置き換える、つまり消すことでカウントします。「現在の全文字数」から「「/」をすべて消したときの文字数」を引けば、その答えは「/」の数と一致します。この方法を用いれば、データが何件あろうとも一瞬で特定の文字の数を数えられます。

B2セルに「=LEN(A2)-LEN(SUBSTITUTE(A2,"/",""))」と入力し、B6セルまでドラッグコピー

	A	B
1	URL	スラッシュの数
2	http://sugoikaizen.com/	3
3	http://sugoikaizen.com/seminar/	4
4	http://sugoikaizen.com/seminar-category/excel-seminar/	5
5	http://sugoikaizen.com/support-category/seminar/	5
6	http://sugoikaizen.com/voice_list/	4

セル内の余分な空白を一括削除する ～TRIM関数

　セルの見た目はまったく同じなのに、VLOOKUP関数やMATCH関数でうまく検索ができない場合があります。よくある原因の1つが、セルの中に余分な空白が入っていること。Excelでは空白も1文字として数えるため、正しい検索ができなくなるのです。このようなデータを一気に整えられるのがTRIM関数。

　下表の場合、一見同じ「吉田」のように見えますが、A2・B2セルは一致していません。LEN関数でそれぞれ文字数を出すと、文字列2は3文字と判断されました。

	A	B	C	D
1	文字列1	文字列2	一致判定	
2	吉田	吉田	FALSE	
3	2	3	←文字数	
4				

A3セルに「=TRIM(A2)」と入力し、B3セルまでドラッグコピー

	A	B	C	D	E
1	文字列1	文字列2	一致判定		
2	吉田	吉田	FALSE		
3	吉田	吉田	TRUE		
4					

　一致判定は、同一データになりました。

　TRIM関数は、空白が入ってないセルを引数にしてもエラーにはなりません。また、氏と名の間に入れた空白（1つ）は削除されません。余分な空白が入っている可能性があるデータはTRIM関数でデータクレンジングしておくと後の作業がはかどります。

087

数値を入力して日付表示にする ～DATE関数

　Excelで日付を入力する際、「6/25」と入力すると、入力した時点の年数が自動的に加わります。正確に日付を入力するには必ず「年/月/日」と入力しなければなりませんが、実際にやってみると面倒なもの。連続して日付を入力する場合など、年・月・日をそれぞれ別のセルに入力し、DATE関数で設定すると便利です。

D2セルに「=DATE(A2,B2,C2)」と入力

	A	B	C	D	E	F	G
				f_x =DATE(A2,B2,C2)			
1	年	月	日	日付			
2	2015	6	25	2015/6/25			
3							

　また、CSVデータなどで日付を8桁の数値で管理している会社も多くありますが、シリアル値ではないため、日数の計算などを正しく行うことができません。DATE関数とLEFT、MID、RIGHT関数を組み合わせると効率的です。

B2セルに「=DATE(LEFT(A1,4),MID(A1,5,2),RIGHT(A1,2))」と入力

	A	B	C	D	E	F	G	H
				f_x =DATE(LEFT(A1,4),MID(A1,5,2),RIGHT(A1,2))				
1	20150625	2015/6/25						
2								

今日の日付を自動表示する
〜TODAY関数

　Excelを使って請求書などの決まったフォーマットを使う場合、つい日付の更新を忘れがちです。こういうときはTODAY関数を使って、日付を打ち換える手間だけでなく、いちいち日付を気にしなければならない煩わしさからも解放されましょう。TODAY関数は、常に入力時点の日付、つまり「今日」の日付を自動的にセルに表示してくれます。納期までの日数計算などにも使える重要関数です。

A1セルに「=TODAY( )」と入力（2015年6月24日の場合）

　TODAY関数で日付を入力した書類は、常にファイルを開いた日が発行日になります。ビジネスマナーとしても、Excelでの見積書・請求書の送付は行うべきではありません。必ずPDFに変換してから送信しましょう。
　また、議事録などで固定値として当日の日付や時刻を入れたい場合には以下の方法が便利です。
　本日の日付　［Ctrl］+［;］
　現在の時刻　［Ctrl］+［:］

日付データから曜日を出す
〜TEXT関数

　日付データから曜日を出したいときにまず思い浮かべるのは、WEEKDAY関数です。しかし、この関数は意外と複雑。WEEKDAY関数の戻り値は1〜7（もしくは0〜6）の整数のため、このままでは曜日だとわかりません。これを曜日の形式に変更するには、書式設定を変更する必要があり、はっきりいって面倒です。

　ただ曜日を出すだけであれば、もっと簡単でわかりやすい関数があります。TEXT関数を使えば、1ステップでラクに曜日を出すことができます。

A2セルの日付から曜日を出したいときは、B2セルに「=TEXT(A2,"aaa")」と入力する

第二引数の表示形式を以下のように変えると、表記が変更されます。
"aaa" →　短縮の日本語表記（例：土）
"aaaa" →　省略なしの日本語表記（例：土曜日）
"ddd" →　短縮の英語表記（例：Sat）
"dddd" →　省略なしの英語表記（例：Saturday）

生年月日から年齢を自動計算する
～DATEDIF関数

　企業の人事部は社員の年齢を管理する必要があります。実際、ある企業では、担当者が1000人いる社員の誕生日リストから誕生日を迎える社員を探し、年齢に1を加えるという作業を毎日、何時間もかけて行っていました。DATEDIF関数を知ってさえいれば、まったく必要のない作業です。

　DATEDIF関数の書式は「=DATEDIF(開始日,終了日,単位)」です。

1. B2セルに「=DATEDIF(」と入力
2. 第一引数に誕生日である、A2セルを指定。[,]で区切る
3. 第二引数に、今日の日付をTODAY関数で入力。[,]で区切る
4. 表示形式を入力。ここでは、年齢を出すため"Y"と入力し括弧を閉じる

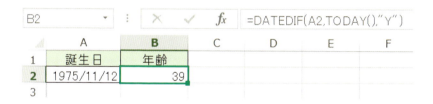

　ただし、DATEDIF関数は［Tab］キーでの補完入力ができないため、すべて手入力で行います。

091

年別・月別・日別データを集計する
〜YEAR・MONTH・DAY関数

　売上データを分析するときに、年別・月別、場合によっては日別で集計を行うことが多くあります。一般的に内訳を出すにはSUMIF関数で集計を行いますが、YEAR・MONTH・DAY関数を用い、作業列を作ることでわかりやすく、素早く集計が行えるようになります。それぞれの関数の引数には、シリアル値を指定します。

　A列のセルからそれぞれ、年月日を取り出す場合、

1. C2セルに「=YEAR(A2)」と入力（A2セルの西暦が入る）
2. D2セルに「=MONTH(A2)」と入力（A2セルの月が入る）
3. E2セルに「=DAY(A2)」と入力（A2セルの日が入る）
4. C2:E2のセル範囲を選択し、データ最下端行までドラッグコピー

	A	B	C	D	E
1	日付	売上計	年	月	日
2	2013/1/20	18000	2013	1	20
3	2013/6/10	4000	2013	6	10
4	2013/7/27	48000	2013	7	27
5	2013/9/1	23800	2013	9	1
6	2013/9/23	39000	2013	9	23
7	2013/9/25	22000	2013	9	25
8	2013/10/7	400	2013	10	7
9	2013/10/10	280	2013	10	10
10	2013/12/20	8400	2013	12	20
11	2014/1/13	25200	2014	1	13
12	2014/3/13	27000	2014	3	13
13	2014/5/3	11200	2014	5	3
14	2014/8/4	120	2014	8	4
15	2014/9/8	9800	2014	9	8
16	2015/2/27	13000	2015	2	27
17	2015/5/20	11200	2015	5	20
18	2015/11/9	3200	2015	11	9

日付データが入っているはずのセルが「41640」のような表示に変わってしまっ
てびっくりすることがあるかもしれません。

　これは、セルの表示形式が「日付」から「数値」などに変わってしまったこと
が原因なので、落ち着いて表示形式を変更すれば元通りになります。

　シリアル値は、「1900年1月1日から数えて何日目か」という数字になります。し
たがって41640という数字は2014年1月1日という日付となります。

　逆に、「1」と入力したのに「1900/1/1」となってしまったときには、セルの表
示形式を「数値」もしくは「標準」に直せば解決します。

092

時間を自動で切り上げる・切り捨てる
〜CEILING関数・FLOOR関数

　残業時間などの計算を行う際、1分単位で計算する会社もあれば、30分単位で計算する会社もあります。後者の場合には正確な退社時刻を改めて計算・集計する必要があります。

　時刻の切り上げ、切り捨て処理には、それぞれCEILING（天井）関数とFLOOR（床）関数を用います。

【30分単位で残業時刻を計算する】
・18:14に退社した場合、勤務時間を18:30までとする会社
B2セルに「=CEILING(A2,"0:30")」と入力。B2セルには「18:30」と入力される

・18:14に退社した場合、勤務時間を18:00までとする会社

B2セルに「=FLOOR(A2,"0:30")」と入力。B2セルには「18:00」と入力される

	A	B	C	D	E
	HYPERLINK ▼	⋮ ✕ ✓ fx	=FLOOR(A2,"0:30")		
1	退社時刻	切り捨て時刻			
2	18:14	=FLOOR(A2,"0:30")			
3					

	A	B	C	D	E
	B2 ▼	⋮ ✕ ✓ fx	=FLOOR(A2,"0:30")		
1	退社時刻	切り捨て時刻			
2	18:14	18:00			
3					

093 「230」などの表記を 2:30に変換する方法〜TIME関数

　時刻をExcelで扱う際の正式な表示は2:30ですが、場合によってさまざまな形式で入力されています。時刻として正しく扱うために、それぞれの値をTIME関数でシリアル値に素早く変換しましょう。
　TIME関数の書式は「=TIME(時間、分数、秒)」です。

【「230」のように3桁（もしくは4桁）の数値で表示している場合】
　まずは数値を時間と分に分解します。分数を出すには、MOD関数（序数の余りを出す関数）を使います。MOD関数は「=MOD(数値,序数)」と入力します。

　　B2セルに「=TIME(INT(A2/100),MOD(A2,100),0)」と入力

【「2.5」のように時間数で表記している場合】
　　B5セルに「=TIME(INT(A5),(A5-INT(A5))*60,0))」と入力

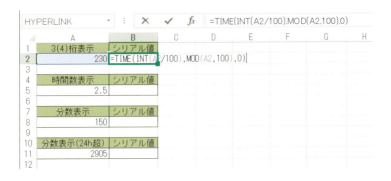

【「150」のように分数で表示している場合】
　B8セルに「=TIME(0,A8,0)」と入力

ただし、TIME関数では24時間を超える数値を返しません。その場合には以下の方法を使用します。

1. B11セルに「=A11/1440」と入力
2. B11セルを選択し、「セルの書式設定」で表示形式を「ユーザー定義」にし、「種類」のボックスに「[hh]:mm」と入力

094

営業日数を自動計算する
～NETWORKDAYS関数・WORKDAY関数

　日付はシリアル値というデータなので、足し算・引き算の操作で日数を求めることができます。しかし、実際の仕事の現場では単純な日数ではなく、営業日数でカウントするケースが多いでしょう。

　土日だけでなく、祝日や会社の休業日を含めた計算を自力で行うのは非効率。NETWORKDAYS関数とWORKDAY関数を使うことで、簡単に算出することができます。

【準備】

　Excelには日本の祝日は入っていないため、祝日の一覧をあらかじめ用意しておきます。祝日のリストはインターネットなどで検索すると簡単に入手できます。祝日の一覧を別のシートにマスタとして用意し、「名前の定義」をして「祝日マスタ」という名前を付けておきます。

1. 「祝日マスタ」シートに祝日の一覧を作る
2. 「数式」タブ→「名前の定義」をクリック。参照範囲に「=OFFSET(祝日マスタ!$A$1,1,0,COUNTA(祝日マスタ!$A:$A)-1,1)」と入力し、「OK」をクリック

祝日マスタの参照範囲はOFFSET関数を使って、A列に日付を追加すると、自動で参照範囲が広がる式を入力しています。少し複雑な式ですが、可変対応できる範囲指定として、いろいろなシーンで活躍するので、日本語訳で以下のように理解しておくと便利です。

「=OFFSET(祝日マスタ!$A$1,1,0,COUNTA(祝日マスタ!$A:$A)-1,1)」
＝A1セルを基準に、下に1つ右に0ずらしたセル（A2セル）から、下にA列の空白ではないデータの数から1を引いた行分（項目行を除くため）の高さ、右に1列分の幅の範囲

【納期から期日までの営業日数を求める】
　NETWORKDAYS関数を使用します。書式は、「=NETWORKDAYS(開始日、終了日、祭日（除外する日付))」です。

1. B2セルに「=NETWORKDAYS(TODAY( ),A2,」と入力し、[F3]を押して「名前の貼り付け」ウィンドウを立ち上げる。「祝日マスタ」を選択し、「OK」をクリック

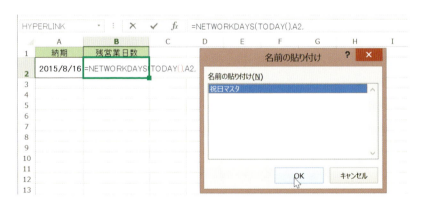

2. 「)」を入力し、[Enter]で確定。B2セルに納期までの営業日数が表示される（式は「=NETWORKDAYS(TODAY( ),A2,祝日マスタ)」となる）

【今日の日付から、指定した営業日数後の日付を求める】
　WORKDAY関数を使用します。書式は、「=WORKDAY（開始日、日数、祭日（除外する日付））」です。

1. B2セルに「=WORKDAY(TODAY( ),A2,」と入力し、[F3]を押して「名前の貼り付け」ウィンドウを立ち上げる。「祝日マスタ」を選択し、「OK」をクリック
2. 「)」を入力し、式を確定する。B2セルに、今日からA2セルの営業日数後の日付が表示される

4

知っておきたい!

マクロの
速技

Excelの作業スピードアップのための究極の
機能が「マクロ」です。マクロは、面倒な作業に
追われている方にとっては、Excelの作業を自
動化してくれる、夢のような機能です。本章では
実務現場でよく行われているマクロの活用事
例を紹介すると同時に、そのサンプルファイル
を提供致します。

マクロ・VBAって何ができる?

「マクロって何ができるの?」という質問をよくいただきます。

答えは「何でもできます」。

マクロとは、ピボットテーブルやオートフィルタと同様、Excelの「機能」の名称です。VBAとは、Visual Basic for Applicationsの略称で「プログラミング言語」を指します。

特に、以下の作業に力を発揮します。

・何万件にも及ぶデータ処理
・何度も繰り返す作業
・複数のファイルを開いての集計作業
・複数のフォルダ作成

関数だけではできない処理や、時間や手間のかかる繰り返し作業を一気にミスなく終わらせるのは、マクロの得意分野です。Excelには、これらが簡単にできるプログラミングツールが無料で付属しています。

マクロを自在に書けるようになるには、ある程度の勉強が必要です。本書では詳しい書き方の説明は割愛しますが、仕事の現場でよくある、時間のかかるすこし厄介な問題を一瞬で解決するマクロのサンプルコードを何点か紹介します。

書き方はわからなくても、指定の場所に貼り付けるだけで使える仕事の速技便利ツールとして活用してください。

もし、本書をきっかけにマクロ・VBAに興味がわいてきたら、弊社のセミナー受講もマクロを使いこなすための近道としてご検討ください。

事前の設定で
マクロを効率的に使いこなす

　マクロを効率的に使うために初めにやっておきたい設定があります。一度、設定すれば、Excelを終了またはPCを再起動しても維持されます。

・「開発」タブの表示

　Excelでマクロを作成するときに使うメニューを集めたタブ（「開発」タブ）は、標準では表示されていません。

「ファイル」メニュー →「オプション」→「リボンのユーザー設定」→「メインタブ」ウィンドウ内の「開発」にチェックを入れる

・VBEの起動

マクロはシート内に直接、記載するのではなく、VBE（Visual Basic Editor）というツールを立ち上げて記載します。VBEは、ショートカット［Alt］＋［F11］で起動します。

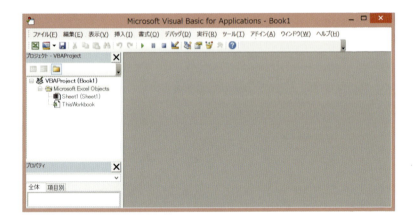

実際にコードを記載するためには「標準モジュール」といういわば「原稿用紙」を用意する必要があります。標準モジュールは「挿入」メニュー→「標準モジュール」で追加します（中上級者の場合、標準モジュール以外にマクロを記載することもあります）。

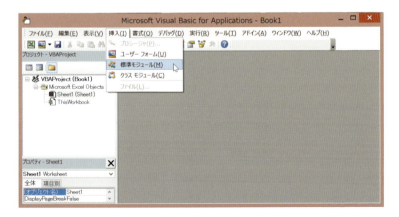

・オプション設定

快適にマクロを記述するために、忘れてはいけない設定が以下の2つです。
「ツール」メニューの「オプション」から設定します。

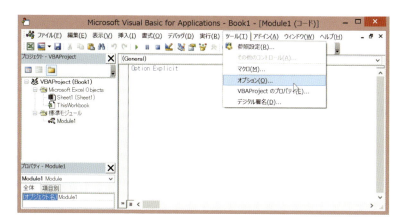

「自動構文チェック」のオフ：文章を書いている途中でいちいちスペルミスを教
　　　　　　　　　　　　えてくれる不必要なアラートを消す
「変数の宣言を強制する」のオン：マクロ実行時にスペルミスを教えてくれる

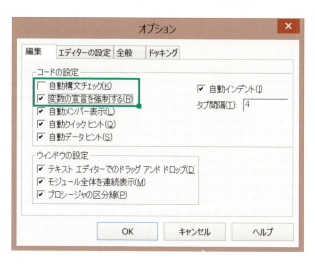

実はマクロは使い方によっては、すでにマクロが記載されているファイルを立ち上げたときに、起動するだけでPC内のファイルをすべて削除してしまう「サイバーテロ」のようなことを仕込むこともできます。そのため、ファイル立ち上げ時には、一度マクロをオフにするよう設定されています。信頼できるファイルであれば、「コンテンツの有効化」をクリックして、マクロを使えるようにしましょう。

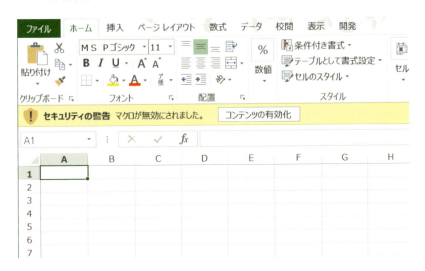

1クリックで作業を終える
ボタンの作り方

　マクロを書いたファイルを実行するときに、自分だけが使う場合や単発で発生する業務であれば、VBEを立ち上げて[F5]で実行する方法で問題ありません。しかし、Excelスキルが異なるメンバー間で共有する場合、ルーティンで運用する場合には適切ではありません。シート上にボタンを設け、クリックすることでマクロを実行できるように作っておくと便利です。

1. 「開発」タブ→「挿入」→「ボタン」をクリックする

2. シート上にボタンを書くと「マクロの登録」ウィンドウが立ち上がるので、登録したいマクロ名を選んで「OK」をクリック

3. ボタンの名前（通常は「ボタン1」などとなっている）をわかりやすい名前に変更する

　チームでマクロファイルを運用する場合には、ファイル立ち上げ時に「コンテンツの有効化」をクリックすることも共有しておきましょう。（「095　事前の設定でマクロを効率的に使いこなす」を参照）

097

大量のファイルを管理するとき
簡単にファイル名一覧を作る

　写真やPDFファイルなど、複数のファイルを管理するときにファイル名を一覧にしたリストを作ることがあります。これを手作業でやろうとすると、ファイル名をクリックしてコピー、Excelファイルにペースト……と、ファイル数が多ければ多いほど、面倒で時間もかかります。マクロを使えば、一瞬で終わらせることができます。

1. フォルダを作成し、Excelファイルと一覧を作りたいファイルのすべてをフォルダに入れる

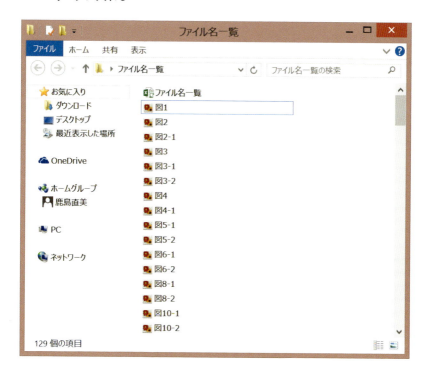

2. ［Alt］＋［F11］でVBEを立ち上げる。「挿入」メニューから標準モジュールを追加し、次のコードを記述する

コード------------

```vba
Sub ファイル名一覧表作成( )
    Application.ScreenUpdating = False
    Dim i As Long, filename As String
    i = 1
    Columns(1).ClearContents
    filename = Dir(ThisWorkbook.Path & "¥*")
    Do While filename <> ""
        If filename <> ThisWorkbook.Name Then
            Cells(i, 1) = filename
            i = i + 1
        End If
        filename = Dir( )
    Loop
    MsgBox "完了しました"
End Sub
```

解説------------

画面更新の停止

カウンター変数「i」、ファイル名を格納する変数「filename」の宣言

iを1にする

A列に入っているデータを削除する

このExcelファイルと同じフォルダに入っているファイル名1つをfilenameに格納する

filenameが空白になるまで、以下の処理を繰り返す

ファイル名がマクロ実行ファイルと異なるときだけ、以下の処理をする。

A列、i行目のセルにfilenameを書き込む

Iに1を加える

今までに格納していない別のファイル名をfilenameに格納する

処理を繰り返す
「完了しました」とメッセージボックスに表示する
----

3. 記述したマクロを［F5］で実行する。シートのA列にファイル名一覧ができる

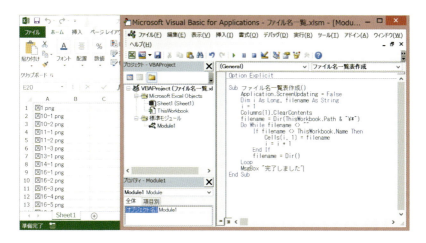

098

社員リストから
全員分のフォルダを一気に作る

　社員や支社の数だけフォルダを作るという作業が発生したときに、いちいち右クリックメニューでフォルダの作成、リストから名前をコピー&ペーストして変更……と繰り返していてはキリがありません。マクロで作業すれば重複のミスなども発生しません。

1. フォルダの中にExcelファイルを作り、シートのA列に社員のリストを作る

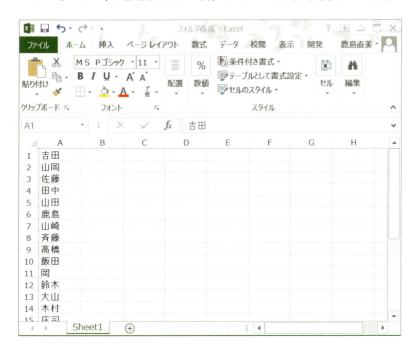

2. ［Alt］+［F11］でVBEを立ち上げ、標準モジュールを追加する
3. 次のコードを貼り付け、［F5］で実行すると、A列のリストの分だけフォルダができあがる

コード------------
Sub フォルダ作成( )
　　Dim i As Long
　　For i = 1 To Cells(Rows.Count, 1).End(xlUp).Row
　　MkDir ThisWorkbook.Path & " ￥" & Cells(i, 1)
　　Next
　　MsgBox "完了しました"
End Sub

解説------------
カウンター変数「i」の宣言
iが1〜 Aに列のデータ最終行の数まで、以下の処理を繰り返す
A列i行目のセルの値と同じ名前のフォルダを、このExcelファイルが入っているフォルダ内に作る

「完了しました」とメッセージボックスに表示する

このマクロは、誤って2回連続で動かしてしまうと、以下のエラーメッセージが出て正常に動きません。これは同じ名前のフォルダを2個作ることができないためです。再度、作成する場合はExcelファイルを別のフォルダに移して実行します。誤って二度動かしてしまわないよう、VBEの画面サイズを調節するなどして目視できるようにするとよいでしょう。
　リストの中に「\ ？ ／ 」など通常フォルダの名前に使えない文字が含まれている場合も、フォルダを作成できないので注意してください。

099

大量のシートを管理するとき
シート名一覧の目次シートを作る

　たくさんのシートがあるExcelファイルの場合、先頭に目次シートを作り、各シートへのハイパーリンクを設定しておけば利便性が高まります。しかし、これを手作業でやろうとすると、意外と面倒で時間がかかってしまいます。マクロを使えば、一瞬で作業を終わらせることができます。

1. 目次を作りたいExcelファイルを開き、[Alt] + [F11] でVBEを立ち上げる
2. 以下のコードを貼り付け、[F5] で実行する

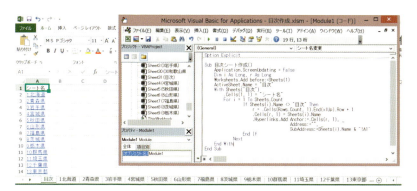

コード------------
```
Sub 目次シート作成()
    Application.ScreenUpdating = False
    Dim i As Long, r As Long
    Worksheets.Add before:=Sheets(1)
    ActiveSheet.Name = "目次"
    With Sheets("目次")
        .Cells(1, 1) = "シート名"
        For i = 1 To Sheets.Count
            If Sheets(i).Name <> "目次" Then
                r = .Cells(Rows.Count, 1).End(xlUp).Row + 1
                .Cells(r, 1) = Sheets(i).Name
```

```
            .Hyperlinks.Add Anchor:=.Cells(r, 1), _
                Address:="", _
                SubAddress:=Sheets(i).Name & "!A1"
        End If
    Next
  End With
End Sub
------------
```


```
解説------------
```
画面更新の停止
カウンター変数「i」、「r」の宣言
新規シートを先頭に追加する。
作成したシートの名前を「目次」にする。
目次シートA1セルに「シート名」と入力する。
iが1からシート総数になるまで以下の処理を繰り返し行う。
シートの名前が「目次」以外のときに以下の処理を行う。
変数rに目次シートA列データ最終行に1を足した数字を入れる。
目次シートA列r行目のセルにシートiの名前を入れる。
A列r行目のセルに、シートiのA1セルへのハイパーリンクを設定する。
```
------------
```

　シートは、VBAではシート名での指定の他に「Sheets（数字）」で指定ができます。この場合、sheets(1)が表示されている一番左のシートとなり、右に行く順に1ずつ数が増えていきます。シートの入れ替えや削除を行っても、常に表示されている順番でシート番号が振られます。

100 既存の大量データに 1行おきに空白行を挿入する

既存のデータに1行おきに行を挿入したい。そんな作業が発生したときにも、マクロであればすぐに解決できます。挿入や削除などを行う場合、コードは上の行から行うとうまく処理できないため、データ最終行から1行ずつ上に上がるように記述します。

1. Excelファイルを開き、[Alt]＋[F11]でVBEを立ち上げ、以下のコードを貼り付ける

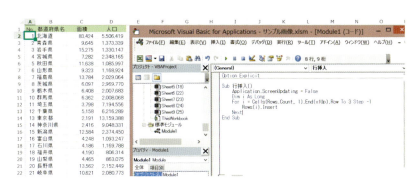

コード------------
```
Sub 行挿入()
    Application.ScreenUpdating = False
    Dim i As Long
    For i = Cells(Rows.Count, 1).End(xlUp).Row To 3 Step -1
        Rows(i).Insert
    Next
End Sub
```

解説------------
画面更新の停止
カウンター変数「i」の宣言
新規シートを先頭に追加する。

iがデータ最終行から3になるまで以下の処理を繰り返し行う。
i行目に行を挿入する。
----

2. [F5] を押して実行する

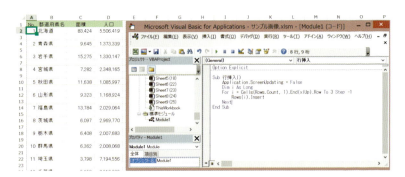

　例に挙げたサンプルデータでは、A列1行目からデータが入っているため
「For i = Cells(Rows.Count, 1).End(xlUp).Row To 3 Step -1」というコード
になります。手持ちのデータに応じて変更して使用します。
・データがB列から入っている場合は2、C列からなら3……というように下線部の
　数字を変更する
・行挿入したい1番上の行は二重線部の数字を変更する

本書で紹介した関数一覧

ADDRESS関数 161
ASC関数 164
CEILING関数 180
CHAR関数 161
CONCATENATE関数 166
COUNTA関数 131
COUNTIF関数 132,144,146
COLUMN関数 159
DATE関数 174
DATEDIF関数 177
DAY関数 178
FIND関数 170
FLOOR関数 180
IF関数 126,142,171
IFERROR関数 155
INDIRECT関数 88,157
INT関数 160
LEFT関数 168,171
LEN関数 162
MATCH関数 150,154
MID関数 168
MONTH関数 178
NETWORKDAYS関数 184
OFFSET関数 147,154
RANDBETWEEN関数 156
RIGHT関数 168
ROW関数 159
SUBSTITUTE関数 172
SUM関数 128,129,130
SUMIF関数 94,134,136
TEXT関数 176
TIME関数 182
TODAY関数 175
TRIM関数 173
VLOOKUP関数 138,140,152
WORKDAY関数 184
YEAR関数 178

［監修者略歴］

吉田 拳 (よしだ・けん)

Excel業務改善コンサルタント。Excel研修講師。株式会社すごい改善代表取締役。

複数の企業でのマーケティング業務を経てメルシャン（株）に入社。同社勤務時代にExcelを触ったこともなかった状態から、営業戦略用のデータ分析を担当し悪戦苦闘するなかで「企業の生産性をより上げるためには、社員のExcelスキルを向上する必要性がある」と痛感。業務効率化のためのExcel技術を追求する。

2010年、株式会社すごい改善を設立、代表取締役に就任。実務直結主義のExcel研修を毎週開催、全国から受講者が参加し、常に2カ月先まで満席状態が続く。業種・業態・職種を問わず、Excelを駆使したあらゆる分野での業務改善の専門家として知られる。

［著者略歴］

（株）すごい改善

Excelに専門特化した研修及び業務改善、Excelによるキャッシュフローの管理による経営改善、システム開発を請け負う。2010年8月設立。代表の吉田による著書に10万部のベストセラーとなった『たった1日で即戦力になるExcelの教科書』がある。

【企業理念】

・Excelによる苦しみからの解放と、生産性と充実感の向上による喜びの創造

・Excelの教育と効率的活用を通して人と企業の成長に関わり日本のGDP向上に貢献

・極限のシンプルさとわかりやすさにこだわる

・成長の実感による楽しさと感動を提供する研修とコンサルティングにこだわる

公式サイト　http://sugoikaizen.com

執筆者:鹿島直美（かしま・なおみ）

広告代理店勤務、外資系ホテルチェーン日本法人の広報担当を経て株式会社すごい改善入社。同社Excel研修における受講者サポートを担当。また広報担当としてメディアの取材対応、WEB等による情報発信を通じてExcel業務効率化のノウハウ普及に尽力する。二児の母。

ブックデザイン　水戸部 功

1万人の業務効率を
劇的に改善した
Excel速技
BEST100

2015年12月8日　第1版第1刷発行

監　修　**吉田 拳**
著　者　**（株）すごい改善**
発行者　**清水卓智**
発行所　**株式会社PHPエディターズ・グループ**
　　　　〒135-0061 江東区豊洲5-6-52
　　　　電話 03-6204-2931
　　　　http://www.peg.co.jp/
発売元　**株式会社PHP研究所**
　　　　東京本部　〒135-8137 江東区豊洲5-6-52
　　　　普及一部　電話 03-3520-9630
　　　　京都本部　〒601-8411
　　　　　　　　　京都市南区西九条北ノ内町11
　　　　PHP INTERFACE http://www.php.co.jp/

印刷所
製本所　**図書印刷株式会社**

© Sugoi Kaizen 2015 Printed in Japan
ISBN978-4-569-82540-3

※本書の無断複製（コピー・スキャン・デジタル化等）は著作権法で認められ
　た場合を除き、禁じられています。また、本書を代行業者等に依頼してス
　キャンやデジタル化することは、いかなる場合でも認められておりません。
※落丁・乱丁本の場合は弊社制作管理部（電話 03-3520-9626）へご
　連絡下さい。送料弊社負担にてお取り替えいたします。

PHPエディターズ・グループの本

人と組織の問題を劇的に解決するU理論入門

中土井僚 著

人と組織を劇的に変える新手法「U理論」を、原著の訳者で企業変革の実績がある著者が、エピソードでわかりやすく解説。使える手法満載。

定価 本体一、八〇〇円（税別）